日本 中国 韓国における
家電品流通の比較分析

関根 孝 [著]
Sekine Takashi

同文舘出版

まえがき

〈ドラッカーとコトラー〉

　かつてドラッカー（P. F. Drucker）が，1962年の論文で「今日，われわれは流通について，ナポレオン時代のアフリカ大陸の内陸部よりも分かっていない。その存在だけが知られているだけである…アメリカにおいて，消費者が支払う1ドルのうちおよそ50セントが流通活動に向けられていることからも理解されるように，流通は重要なビジネスであり，今後最も有望な分野であるにもかかわらず，無視されてきている」と述べている。

　この有名なドラッカーの「流通の暗黒大陸」論が世に出てから，半世紀以上の年月が経過しているが「流通の遅れ」は解消されたであろうか。ドラッカーの流通の暗黒大陸論は，論文の表題のイメージとは異なり，企業経営的視点から流通の遅れを指摘したモノであった。そこでは製造企業は，生産工程だけでなく，組織外の活動，すなわち出荷した後の流通の役割と構造をよく理解して効果的なサプライチェーンを構築すれば，費用節減が可能になり競争力を高めることができるし，その必要性を大きいと論じている。

　近年，ロジスティクスの研究が盛んなこと，効果的なサプライチェーンを構築し競争優位を確立しているケースが増えていること，いくつかの実態調査報告によれば，売上高物流コスト比率は中長期的に低減傾向にあることなどから，ドラッカーが論じた趣旨では，流通は暗闇ではなくなり，明るい日差しが射してきたことになる。

　これに対して，コトラー（P. Kotler）は，2013年12月に連載した日本経済新聞の「私の履歴書」のなかで，労働経済学で学位を取得した後，なぜマーケティングの研究に進んだのかを，「市場や価格決定メカニズムが本当はどのように機能するのか知りたかったからだ。それまでの経済学は需要と供

給によって価格が決定されるプロセスを抽象的に表現，分析していたが，どうしても自分としては満足していなかったからである」，そして「読者の中には経済学とマーケティングが異なる学問だと認識している人もいるかもしれないが，そうではない。マーケティングは生産者から卸売業を経て小売業に至るまでに価格が実際にどのように決定され，企業のプロモーションなどで需要曲線がどのようにシフトするか分析する応用経済学の1つなのだ」と述べている。

コトラーは，経済学の中での流通研究の遅れを鋭く指摘した。ドラッカーもコトラーも，流通の研究は遅れていると言うことではまさに共通していた。しかし，ドラッカーは先駆的に大規模経営のあり方やマーケティング体系化したことでも知られるように，経営学者でありミクロ・マーケティングに主要な関心があった。一方，コトラーのマーケティングの原点は経済学であり，市場や競争メカニズム，マーケティングが流通機構で形成される価格に及ぼす影響の分析に学問的関心が向けられた。

経済学における市場や競争メカニズムは，生産者と消費者の間に抽象的な市場を想定して理論が組み立てられてきている。しかし，市場は売り手と買い手の間でなんとなく存在するのではなく，メーカーから直接に消費者に届けられることも少ない。現実の市場を伝統的商品流通で見ると，生産者と卸売商，卸売商と小売商，小売商と消費者という3段階で形成され，そこで取引がなされ所有権移転が起こり，商品は消費者に届くのである。企業活動としてのマーケティングは，それぞれの市場での価格形成にさまざまな影響を及ぼすのである。たとえば「ゆたかな社会」では，いかにすぐれた製品であっても消費欲求に合致し，的確なプロモーションが行われなければ効用が生まれないことさえある。

最近のマーケティング分野の研究は，企業の立場からのミクロ・マーケティング研究が盛んであるが，それに比べるとマクロ・マーケティング，すなわち流通の研究は非常に手薄になってきている。

〈小売競争から家電品流通を分析〉

　家電品は，2009年の国内売上高は9.4兆円で，名目の国内家計消費支出276.2兆円のうち，3.4％を占めており，乗用車と並んで重要な消費財産業と1つといえる。この家電品事業で，かつて日本の家電メーカーは世界市場を席巻してきたが，近年，韓国や中国の家電メーカーの追従を許し，業績悪化に苦しむようになっている。なぜこういう状況に陥ったのだろうか。これが日本，中国，家電品流通の比較研究を始めた素朴なきっかけである。3カ国の家電品流通の比較研究をすることにより，マーケティング戦略策定へのヒントを提示したいと考えた。

　1990年代後半から2000年代前半頃の中国では，カラーテレビでみると，パナソニックやソニーの売上高シェアは上位にあり，高級機種では圧倒的なブランド力を誇っていたし，1997年に韓国でサムスン電子を訪問したときには，取材に応じてくれた担当者が「ソニーを何とかキャッチアップしたい」と熱い思いを語ってくれた事を印象深く記憶している。

　本書では，まず，第1に日中韓における家電品流通が研究対象であり，マクロ・マーケティング分析を行う。家電品は自動車とならんで消費財の中核産業であるにもかかわらず，「企業モノ」は多く書かれてきたが，マクロ的研究は取り扱いが難しいことなどの理由から放置されてきた。ここでは流通研究に比重をおくが，しかし必要に応じて，企業の立場からのマーケティングもとりあげる。

　第2に，日中韓において家電品産業の発展につれて，流通機能がいずれの機関によりどのように遂行されてきたのか，歴史的にどう変化したのかを分析する。もちろん3カ国の発展には時間的なずれはあるが，三種の神器の急速な普及にみられるように「消費革命」が進み，タイムラグは急速に縮まりつつある。しかし，生産構造，流通系列化の進捗や，家電量販店の発展や経営方法には大きな違いがあり，これらが家電メーカーの流通主導権を発揮する程度に影響を及ぼし，垂直的マーケティングシステムのチャネルキャプテンを変動させている。

こうしたそれぞれの国の家電品流通の実態を，文献渉猟と統計調査を利用して全体像を把握するとともに，必要に応じて実施してきた現地での聞き取り調査による成果などによって明らかにする。これらを踏まえて，小売競争の視点から比較分析を行い，マクロとミクロとの政策的含意を提示する事が本書の狙いである。家電品流通を分析したり，国際比較を行ったりする場の重要な視点の1つは，小売競争の視点であり，そこではそれぞれの小売市場で異業態間競争が活発かどうか，生産者，卸売商，小売商との間の垂直的なパワー関係はどう変化しているか，計画的なまちづくりと立地の自由度などの問題が焦点となる。

　第3は，家電小売業の国際化の問題を理論的，実証的にとりあげる。数年前に，中国家電市場の規模や将来性を狙って，アメリカのベスト・バイ，日本のヤマダ電機，ドイツのメディア・マルクト（メトロ傘下）と世界の家電量販店の主要プレーヤーが揃ったが，あっという間に縮小ないし撤退している。家電量販店の中国進出はなぜ難しいのか。これは東アジアに限ったことなのかどうか。第6章で見るように，ヨーロッパでは，ドイツのメトロ傘下のメディア・マルクト／サターン，イギリスのディクソンズ，ＫＥＳＡエレクトリカルズなどの大手家電量販店が，国を跨いで事業展開を行い，成功しているケースが多い。

　そこで小売業国際化に関する多くの理論仮説をレビュし，まず，小売競争の視点からアジアにおける家電小売業のグローバル化に焦点を絞った概念化を行い，家電品流通の今後の方向性を予測する。そして，日本の家電量販店および家電メーカーに対するグローバル戦略への示唆ができればと考えている。

〈久保村先生との出会い〉

　大学3年生になり，久保村隆祐先生のマーケティングのゼミに入った。その頃の多くの大学の経済学部は「マル経」が盛んな時代で，「近経」のゼミは少なく狭き門であった。先生の学部の講義である「商学通論」と「配給

論」(マーケティング論の当時の講座名)を聞きながら,経済学をベースにしたマーケティングに魅力を感じゼミを希望した。ゼミに入ってまず輪読したのは,鎌倉昇の『現代企業論』(筑摩書房,1966年),森下二次也の「Managerial Marketing の現代的性格について」(『経営研究』1959年,第40号),そしてドラッカーの『現代の経営(上)(下)』(ダイヤモンド社,1965年)などであった。

その後,全国的に学生運動が盛んになり「政治的季節」を迎え,落ち着いて勉強をする状況ではなくなった。「マーケティングとは学問ですか」などと失礼な問いかけをしたこともあった。

しかし先生は,常に冷静にそして暖かく対応して下さり,ご指導をいただいた。先生の現実問題を直視し,それらを理論的に解明するという研究姿勢は,現在までお手本となっている。ゼミは,古色蒼然とした横浜市南区の清水ヶ丘の本館の2階で行われたが,先生は夏の暑い日でも背広にネクタイ姿で,英国紳士然としてお座りになっていた姿が,今でも鮮やかに目に焼き付いている。

鈴木安昭先生と矢作敏行・法政大学教授の両先生には大きな学恩を感じている。鈴木先生は,流通に関するいくつものすぐれた研究を発表し,身を以てわれわれを啓発するとともにとともに,長い間「流通研究会」を主宰され,後輩であるわれわれ研究者に,真摯な雰囲気のなかでアカデミックな楽しさを教えて下さった。矢作先生からは,学問に対する厳しさとともに論文を創り上げていく充実感を学んだ。特に,流通やマーケティングの研究分野では現実を知るために,欠くことができないアプローチである聞き取り調査の方法論については初歩から教えていただいた。

久保村先生の門下生である住谷宏・東洋大学教授と嶋正・日本大学教授からもさまざまな角度から刺激をいただいた。

そして,本書の出版に当たって多大なるご尽力をいただいた,同文舘出版の取締役編集局長である市川良之氏にも御礼を申し上げたい。拙著『小売競

争の視点』(2000年)の刊行に当たってもお世話になっており,単著としては今回が2度目である。また,校正に関しては,関根裕生君のサポートがあったことを記しておく。

　なお,本書の研究成果の多くは科学研究費助成事業(基礎研究(B))(平成22年度から24年度),平成25年度専修大学研究助成に基づいている。

　　2014年3月

関根　孝

目　次

まえがき ———————————————————————— (1)

第1章　家電品流通の国際比較 ———————————————— 1
第1節　国際比較研究の意義と本書の構成 ……………………… 2
第2節　マーケティング国際比較の概念 ………………………… 4
　　　　　―コックスのフロー分析を中心に―
第3節　マクロ・マーケティングの概念 ………………………… 8
第4節　マーケティング研究の停滞 ……………………………… 12
第5節　日中韓におけるマクロの比較研究 ……………………… 13

第2章　家電量販店の再編とヤマダ電機の中国進出 ————— 15
第1節　家電量販店再編成 ………………………………………… 18
　　1. 地盤低下するＮＥＢＡ系　18
　　2. 家電量販店再編成の第2段階　20
第2節　ヤマダ電機がベスト電器を買収 ………………………… 22
　　1. ヤマダ電機の新たな成長戦略　22
　　2. 苦戦する先駆者「ベスト電器」　25
　　3. ヤマダ電機がベスト電器を買収：ベスト電器争奪戦　29
　　4. 加速する業界再編　31
第3節　家電量販店の中国進出 …………………………………… 33
　　1. ヤマダ電機の中国進出の系譜　34
　　2. 中国の特殊事情　37
　　3. 蘇寧雲商の本拠地でラオックスと対決　39
第4節　ヤマダ電機海外戦略の発展可能性分析 ………………… 42

1. 国内市場における持続的な競争優位　　43
　　2. 現地の既存企業に対する差別優位性　　44
　　3. 消費欲求に合わせた現地化　　46
　　4. 参入時期　　47
　　5. 今後の課題　　48

第3章　中国家電品流通と小売市場の変化 ───── 51

第1節　中国家電品流通における最近の動き ───── 54
　　1. 地域家電量販店チェーンとB to Cの発展　　56
　　2. 滙銀家電　　57
　　3. 地域チェーンのビジネスチャンス　　58
　　4. 滙銀家電のマーケティング戦略　　59
　　5. 「家電下郷」政策の終焉と業績悪化　　62

第2節　京東網上商城の成長と苦戦する江蘇五星電器 ───── 63
　　1. 京東網上商城　　63
　　2. 揺れるベスト・バイ：江蘇五星電器　　65

第3節　蘇寧雲商と国美電器の最近の動向 ───── 66
　　1. 蘇寧雲商の動き　　67
　　2. 国美電器の動き　　70

第4節　異業態間競争と再販売価格の拘束 ───── 74

第4章　中国家電メーカーのマーケティング・チャネル戦略 ───── 79
　　　　　　―ハイアールとハイセンスを中心に―

第1節　白物家電のハイアール ───── 82
　　1. ハイアール成長の系譜　　82
　　2. ハイアールのマーケティング・チャネル戦略　　84
　　3. 新たな専売店の展開：青島華彦電器のケース　　88
　　4. 併売店の組織化　　90

第2節　ハイセンスは研究開発を重視 ──────── 90
　　1.　漸進的成長　91
　　2.　技術力のハイセンス　92
　　3.　ハイセンスのマーケティング・チャネル戦略　94
　　4.　新たな専売店チャネルはこれから　96
　第3節　高度成長企業のモデルＴＣＬ ──────── 97
　　1.　ハイアールを追撃　98
　　2.　ＴＣＬのチャネル戦略　99
　第4節　他メーカーのチャネル戦略 ──────── 100
　　1.　四川長虹　100
　　2.　康佳（ＫＯＮＫＡ）　101
　　3.　パナソニック　103
　第5節　拮抗する流通の主導権 ──────── 107

第5章　最近における韓国家電品流通の特徴 ──── 109

　第1節　韓国家電品流通の変遷 ──────── 111
　　1.　1990年代前半の家電品流通　111
　　2.　2000年代前半の家電品流通　115
　　3.　サムスン電子による代理店チャネルの立て直し　117
　　4.　ＬＧ電子も大型直営店を強化　119
　第2節　商業統計にみる変動分析 ──────── 120
　　1.　店舗数減少の時代　120
　　2.　家電小売店の大規模化　121
　第3節　現在の韓国家電品流通 ──────── 122
　　1.　二大メーカーのマーケティング・チャネル戦略　124
　　2.　苦戦する家電量販店トップのハイマート　126
　　3.　瀬戸際の電子ランド　129
　　4.　割引店の家電品販売：ロッテマートのケース　131

第4節　独占禁止法と消費者利益 ―――――――――――― 133
　　1. 価格談合のサムスン電子とＬＧ電子に課徴金446億ウォン　134
　　2. 日本の再販売価格拘束緩和論　135
　　3. 対抗力は幻想か　137
　　4. 生産者主導型VMSと量販店主導型VMS　138

第6章　日中韓家電品流通の比較分析 ―――――――――― 141

第1節　小売競争構造の理論的枠組み ―――――――――― 141
　　1. 小売市場を特徴付ける異業態競争　142
　　2. 家電市場の垂直的関係　146
　　3. 立地と小売市場　150
第2節　日中韓家電品流通の比較 ――――――――――― 155
　　1. 家電量販店主導の日本　155
　　2. メーカーと家電量販店がチャネルキャプテン争いをする中国　157
　　3. 家電市場を支配する韓国二大家電メーカー　160
第3節　欧米の状況 ―――――――――――――――― 163
　　1. アメリカはベスト・バイ　163
　　2. 国境を越えるヨーロッパ　165
　　3. 仏トムソン（現・テクニカラー）の撤退　168

第7章　家電量販店のグローバル化に関する理論的研究 ―― 171

第1節　小売業グローバル化の理論的枠組み ――――――― 172
　　1. スターンクエストの規範的モデル　172
　　2. ビダとフェアハーストの小売業国際化モデル　176
　　3. エバンズ，トレッドゴールド，マボンドの精神的距離　178
　　4. アレキサンダーとマイヤーズのマクロ・ミクロ統合モデル　180
　　5. スィーバースの包括的モデル　182

第2節　プル要因とプッシュ要因 ……………………………………… 184
　1. プル要因　184
　2. アジア市場国際化へのプッシュ要因　186
第3節　要約と今後の課題 ……………………………………………… 189

参考文献 ……………………………………………………………………… 193
索　引 ………………………………………………………………………… 199

日本・中国・韓国における家電品流通の比較分析

第 1 章

家電品流通の国際比較

　家電品流通は，日本において時系列的にかなりの変化を遂げており，各国間でもかなりの違いがある。日中韓でみると，日本ではメーカー系列店中心の流通から，現在では家電量販店が流通の主導権を握るようになったが，中国では生産段階の競争的市場構造や急速な市場経済化を背景に国美電器や蘇寧雲商（2013年に蘇寧電器から変更）などの家電量販店が急成長，韓国では家電産業は複占構造で二大メーカーのチャネルパワーが強力で，生産者主導の流通が貫徹している。

　アメリカでは2008年11月にサーキット・シティが経営破綻し，唯一残った大手家電量販店ベスト・バイもウォルマートやネットショッピングとの異業態間競争に苦戦している。ヨーロッパではメトロ傘下のメディア・マルクトがドイツの他，イタリア，スペイン，ポーランドなどヨーロッパ14カ国に580店舗以上展開しているのを例外として[1]，家電量販店の海外進出は進んでいない。なぜ家電メーカーの海外マーケティングは活発なのに，家電品流通の国際化は遅れているのか。

---

[1] メディア・マルクトＨＰ（2013年2月）。

家電品流通の特長の1つは異質性ないし多様性にあり，ここに比較研究の意義が生じる。そして，この異質性と表裏一体にあるのが家電小売業の国際化の困難性である。

　小売市場がオリンピック現象化している中国市場においては，百貨店，総合量販店，各種専門店チェーン，コンビニエンス・ストアなど国内と国外のさまざまなプレーヤーが各分野に参加し，激しい競争が行われている。これらさまざまな業態のなかで順調に業績を伸ばしている企業もあれば，想定外の困難に直面し，苦戦しているケースも多い。家電量販店がそうである。家電量販店のベスト・バイやメディア・マルクトは中国市場に参入したが，現地の消費者の支持をえることができなかった。ヤマダ電機も2010年に進出し，3店舗オープンしたが，政治情勢が悪化するなかで南京店と天津店を閉鎖するとともに，店舗展開を停止している。なぜ家電量販店のグローバル化は難しいのであろうか。

第1節　国際比較研究の意義と本書の構成

　まず，流通の国際比較の概念を明らかにしよう。

　それは「異なった国の流通を比較することにより，流通機構，流通機関，流通制度，流通活動における国家間の異同を発見し，それらがいかなる社会的・経済的環境のもとで発生するのかを明らかにすること」と定義される[2]。ただし，類似性と異質性を明らかにしただけでは意味がなく，重要なのは「そのような類似や相違が，それぞれの国の流通生産性にどのように結びついているのかを明らかにし，そのことを通じて流通がどのような方向に変化するのが望ましいのかを知り，政策的貢献を行う」ことである[3]。

---

[2] 田島・宮下［1985］2頁。
[3] 田島・宮下［1985］5頁。

これに対して，塩路［2002］は，類似性と異質性を明らかにしただけでは意味がないという見解に同意できないとし，まず異同を明らかにすることが，たとえば複数国間の摩擦を除去する場合の出発点となるとしている[4]。しかしながら，類似性と異質性を明らかにすることは摩擦除去よりはもっと大きな意義をもつと考えられる。たとえば，家電品の日中韓比較分析を行うことにより，それぞれの国の家電品流通の現象を記述し，説明し，予測し，理解するとともに，流通生産性という観点から比較分析を行い，それぞれの事情に応じた流通政策に貢献することができるからである。

　流通の国際比較には，国内における場合と同じように，商品別，業種別，機能別アプローチがある。これらは，総体的に比較すると曖昧になるリスクが大きいので，分析視点を明確にして本質的ロジックに迫ろうとするものである。商品別アプローチは，商品によって流通方式が異なることに着目し，たとえば加工食品，生鮮青果，化粧品など特定の商品に焦点をあてて実態を明らかにするとともに，国際間で比較検討するものである。本書では，主要耐久消費財の1つである家電品をとりあげる。

　日中韓の東アジアに限定しても，家電品の流通構造はそれぞれ異なる特徴をもっている。そして家電量販店の国際化は遅れている。もし家電品流通のグローバル化が進捗するならば，異質性が後退して類似した構造に向かい，国際比較研究の意義が薄れるかも知れないが，実際に調査分析を進めてみるとかなり異質な実態が浮かびあがってきた。

　家電品流通の国際比較の理論的枠組みの提案と日中韓の比較分析は第6章で，家電量販店のグローバル化レビュと新たな概念構築，そして国際化の遅れの分析は第7章で行う。そこでまず第1章では，本書の出発点として各国の家電品流通の実態を明らかにするために必要な，流通の国際比較の概念を検討しよう。そして第2章から第5章までは，日本，中国，韓国の家電品流

　4　塩路［2002］39頁。

通の特長を，内外の資料を渉猟し，また必要に応じて実施した聞き取り調査や実態調査を踏まえて分析する。

第2節　マーケティング国際比較の概念
―コックスのフロー分析を中心に―

　コックス（R. Cox）は，社会的制度（プロセス）としてのマーケティングの国際比較方法論の検討を行っている。コックスによると，マーケティングの国際比較を行う場合，いくつかの困難に逢着するという。[5]

(1) そもそも社会的プロセスとしてのマーケティングの概念が曖昧である。マーケティングそれ自体は普遍的実在（universal）であるが，多くの社会に適用して一般化できるのかどうか。一般化することができなければ，比較する基準を示しても正当化されないであろう。コックスの社会的制度としてのマーケティングは，マクロ・マーケティングないし流通と同義であるが，分業社会においては普遍的な実在であることを確認する必要がある。

(2) アメリカの国勢調査局が調査，分類し，統計をとった流通は，他の国にとっても普遍的なものなのか，それとも広がりのない特殊な存在なのか。たとえば，創生期から1980年代までみられた家電系列店の強力なネットワークは日本特有のモノであった。また，家電量販店のベスト・バイが中国に進出して大きな壁に立ちはだかられているが，その理由の1つは蘇寧雲商や国美電器とは家電量販店のコンセプトが異なり，アメリカ流の業態が現地の消費者に理解されなかったからである。

(3) 小売りと卸売りは普遍的実在といえるのか。特に卸売りの定義は，ホールとナップ（M. Hall & J. Knapp, et al.）[1961]，ゴールドマン（M. I.

---
[5] Cox [1965a] pp. 143-162.

Goldman）［1963］，バーテルズ（R. Bartels）［1963］などによっても明確に行われていないので比較することが難しい。たしかに多くの発展途上国では卸売りと小売りが未分化であったり，中国では，卸売り機能というと物流活動と理解されることが多かったり，韓国でも品揃えや小売支援活動に対する対価を求めることが難しい。

(4) 社会主義国の中央集権的計画経済では，マーケティング・チャネルにおいて段階的な所有権フローがみられない。ただし，市場経済か計画経済かは二者択一ではなく連続線上に位置づけられる。韓国でも政府主導で財閥間のビッグディールが行われたのはそれ程昔ではないし，中国の市場経済化が進捗しているようにみえても，実際は「国進民退」の言葉に象徴されるように，近年，一部の分野において国有企業のシェアが上昇し，民営企業のシェアが後退する減少が顕著になっている[6]。また現在では，市場経済でもＳＰＡ（製造小売）などにみられるように，段階的な所有権フローが行われないケースが増えている。家電品のＰＢ化は日中韓のいずれにおいてもあまり進んでいないが，今後家電品のコモディティ（市況商品）化がいっそう進めば垂直的統合が進捗するだろう。競争は単一段階から垂直的マーケティング・システム（ＶＭＳ）間の競争に変わりつつある。

(5) アメリカのマーケティングがイギリス，ニュージーランド，フィンランドより，「競争的」ということは何を意味するのか。競争の程度は曖昧な基準や競争企業の数だけでは不十分である。差別的寡占がみられる場合には，競争企業の多寡ではなく，ゲームの理論からの詳細な分析が必要となる。

(6) いずれからみても，アメリカや日本などの先進資本主義国は，何を生産し，どのように配分するかを売り手と買い手が決めるが，一方，計画

---

[6] 関［2013］3頁。

経済国家では中央集権的に決定される。官僚的な状況ではマーケティングは制限され不活発であるが，これをどのように比較分析で考慮すべきなのか難しい。日中韓比較を行う場合，中国の政治体制が独裁国家であることや，韓国は民主化されたのが1987年のことで民主主義の経験が浅いことなどの政治的要因が，明らかに家電品流通にかなりの影響を及ぼしているが，その程度は不明である。これには政府の競争政策や独占禁止法の運用の問題も含まれる。

(7) マーケティングに関する意思決定は誰が誰のために行うのか。日本の買い物行動は，主婦が小口多頻度で出向する傾向が強いが，アメリカなどでは一般に週末に家族でまとめ買いをするし，インドでは，家庭生活は夫婦ばかりでなく，両親，兄弟，姉妹なども一緒に暮らすことが多いので，個人や企業ではなく広義の家族が満足するような決定が行われているといわれている。

(8) アメリカ以外の国々でも金融や支払いは同じ機能を遂行し，同じ結果をもたらすのか。中国では計画経済時代に「借金は支払わない」という慣行が蔓延し，現在でも一部とはいえ買掛金の回収が大きな問題となっている。そこで資金回収の作業を回避するために，ハイアールのような優越的地位にある家電メーカーは，取引先に仕入代金の前払い（発注時払い）を課している[7]。しかし日系メーカーなどでは，営業担当者の仕事の3〜4割は資金回収に当てられるといわれており[8]，国有企業時代の「借金は支払わない」という慣行が今でも根強く残っていると思われる。

(9) 流通コストが国際的にみて高いのか安いのかを判断する計量的基準を確立できるのか。かつてゴールドマンは，ソビエトの流通マージンを20〜30%，アメリカは37〜50%と推定しているが[9]，これではアメリ

---

[7] 現地業界関係者に対する聞き取り調査による。
[8] 現地日系企業に対する聞き取り調査による。
[9] Goldman [1963] chapter7.

カの生産性が計画経済よりも低いことになる。いちばんの問題はインプットとアウトプットの概念が不明確なことである。流通マージンが低ければ必ずしも流通が近代化されているとはいえないわけで,サービス水準,人件費,家賃,公共料金などが密接に関連している。特に,日中韓ではこれらに関してかなりの差異があると思われるので留意が必要である。

こうした課題をできるだけ克服して比較分析を行うために,コックスは「フロー分析」を提案する。社会的プロセスとしてのマーケティングのうち,最も容易に記述しやすいのは物的流通であり,それは広範囲に散在する供給源から消費者に届くまでのモノのフローとして容易に捉えられるし,同様に他のマーケティング機能である所有権,情報伝達,金融もフローとしてみることを可能にする。しかしながら,これらのフローや,機関,構造を正確に理解し記述することが難しいために,コックスは一般理論ではなく中範囲の理論である「限定的一般化」を志向したと考えられる[10]。

コックスの大きな問題の1つは,卸売機能,小売機能とその担当者である卸売商,小売商を峻別しなかったことにあり,その結果,相対的に安定性ないし普遍性をもつ卸売機能と小売機能とそれらを担当する機関を混同し,その結果フロー分析に逢着したと考えられる。しかし,経済の発展段階や地域によってその態様が変化する卸売商と小売商に着目した方が有意義な比較分析を行うことができそうである。

コックスによる1つの重要な指摘は,社会的制度としてのマーケティングの概念の曖昧さである。概念の明確化がなされなければ,比較することが困難となる。社会的制度としてのマーケティングはマクロ・マーケティング,そして流通とも同義であると考えられるので,次にこうした観点からマク

---

[10] Iyer [1997] p. 5.

ロ・マーケティングの概念を検討しよう。

第3節　マクロ・マーケティングの概念

　コトラー（P. Kotler）らは，マーケティングを社会的な視点とマネジリアルな立場から取り扱っている。前者がマクロ・マーケティングで，後者がミクロ・マーケティングである。彼らはかつてマックネア（M. P. McNair）[1968]がマーケティングを「生活標準の創造と伝達」と規定したのを参考に，社会的マーケティングを「社会的なプロセスで，個人やグループが価値をもつ製品やサービスを創造，提供，自由に交換することによって欲求するモノを獲得する」と定義している[11]。コトラーらが社会的視点からマーケティングをとりあげたのは，マクロ的な分析を行うことより非営利組織のマーケティング，アイディアや場所のマーケティングなどに応用し，マーケティング概念を拡大することが目的であった。

　これに対してマッカーシー（E. J. McCarthy）らは，マクロ・マーケティングを，「供給と需要を効果的に接合し，社会の目的を達成するように，製品とサービス（とアイディア）の生産者から消費者への経済フローを方向付ける社会的プロセスである」と定め，いくつかのコメントを付け加えている[12]。

　第1に，その役割は，異質的な供給と需要を効果的に接合し，同時に社会の目的を達成することにある。すなわち個々の組織の活動ではなく，全体のマーケティング・システムがどのように機能するのかをみるのである。どのようにマーケティングが社会に影響を及ぼすのかをみるのであってその逆で

---

[11] Kotler and Keller [2009] p. 45.
[12] McCarthy and Perreault [1984] pp. 13-14.

はない。家電品流通では，かつての日本では生産者がリーダーシップをもってVMSを形成して，需給が調整されることが多かったが，現在では小売市場の存在感が増し，家電品流通の主導権は大手家電量販店が掌握する場面が増えている。ただし，グローバルな視点で時系列や横断的にみると，家電品流通の主導権の態様はさまざまである。

　第2に，発達した経済では，空間，時間，情報と価値，および所有権の分離がますます広がり，生産技術と消費欲求の不一致が顕在化する確率は高くなる。さらに，生産者と消費者との間の「量的懸隔」と「品揃えの懸隔」が複雑になるので，専門化によって規模の経済を発揮することが重要になる。こうして生産と消費との間の地理的距離を含む「精神的距離」が拡大すれば，効果的なマーケティングを欠かすことができない。日本の家電メーカーが海外市場において競争力を低下させたのは，進出地域の商圏特性や消費欲求の把握が不十分なままグローバル・マーケティングに取り組んできた結果であろう。日本でヒットした商品をそのままもちこむのではなく，機能，デザイン，価格などにつき現地適応ミックスを行わなければならないのである。特に発展途上国では，機能や品質よりもブランドやデザインが重要視されるので，日本で支持される洗練されたモノトーンでは人気がない。もっと製品の「格」を示すことやカラー・マーケティングを重視する必要があるだろう。[13]

　第3に，マクロ・マーケティング・システムの目的は，これら生産と消費の間の分離と懸隔を架橋することなので，購入，販売，輸送，保管，標準化，金融，危険負担，および情報の授受が普遍的機能となる。重要な機能は生活水準が上昇するにつれて，購買や販売などの基本的機能から情報の授受や製品開発などの準備的機能に移行していく。準備的機能が首尾良く遂行されれば，自動販売機でもネットショッピングでも商品やサービスは飛ぶよ

---

[13] 中国での聞き取り調査による。

に売れることになる。一方中国などでは，物流ネットワークがまだまだ未整備であり，インフラの整備とともに物流機器の導入や良質な運転手の確保などが大きな課題となっている。また，現在でも金融の扱いは難しく，「借金は支払わない」という慣行を是正することは容易ではない。

　第4に，流通機能は，生産者，消費者，マーケティング専門業者が担当する。マーケティング専門業者とは卸売商や小売商などの仲介業者と，広告代理店，調査会社，物流業者などの協力業者（collaborator）から構成される。韓国では，伝統的に商業資本の蓄積はみられず卸売商は発達してこなかったし，中国では国有卸が流通の殆どの機能を担っていた時代が長く続いたため，リスクを負って業務を遂行する卸売商は少なく，あったとしても小規模なケースが多い。家電品流通においても，卸売商と小売商の関わり方は異なり，中国は国土が広く家電メーカー数が多いので卸売商の関わり方が複雑であり，一方韓国では，寡占的製造企業のパワーが強いために系列化が進み，家電量販店の発展は制約され，好転する兆しはなかなか見られない。

　第5に，電子商取引の進捗は，生産者と消費者との間の取引がより効率的，効果的に行われるような機会を提供する。こうしたマーケティング専門業者にはアマゾン・ドットコムやベイ・ドットコム，グーグル，ペイパル（電子決済会社）などが含まれる。アマゾンが日本で，家電品でも大規模な物流拠点を活用した全国当日配送サービスを始めたのに対抗して，ヤマダ電機は，新サービスとして全国約760の店舗をネット通販の拠点とし，従業員が即日，商品を顧客宅に送り届けるビジネスモデルを導入した。デジタルカメラなど小物商品だけでなく，設置作業の必要な大型家電も手掛け，2013年2月から関東の一部地域で始め，全国の店舗に順次拡大している。[14] またヨドバシカメラでも，全国主要都市圏を対象とした即日無料配送を実施している。[15] 中国でも，家電のネット販売の最大手である「京東網上商城」の成長

---

[14] 日本経済新聞（2013年1月22日付）。
[15] 日経MJ（2013年4月3日付）。

は，大手家電量販店の蘇寧雲商や国美電器に大きな影響を及ぼしている。[16]

　第6に，マーケティング機能は1つの企業によって遂行されるのではなく，むしろ機能遂行の責任はさまざまな方法で移転され，共有される。さらにサービスやアイディアは保管を必要としないように，製品やサービスの種類によって機能遂行の水準が異なる。家電品流通ではアフターサービスの提供が重要であり，韓国ではサムスン電子とLG電子が専有的なサービスネット網を構築して，マーケティング・チャネルにおけるリーダーシップを強化している。[17]

　このようにマクロ・マーケティング，すなわち流通の概念はさまざまな内容や側面をもっていて一義的な定義は難しい。ここでは「生産者と消費者が異なる場合に，生産と消費の間の隔たりを架橋することにより，財のもつ効用をよりよく発揮させ，価値を高める経済活動」と定義する。[18] これにマッカーシーらのコメントを参考に，比較分析の視点からいくつか注釈を加えたい。それらは，生産と消費の隔たりの大小は国や時代の状況によりさまざまである，架橋するための諸機能の重要度は生活水準や生産の高度化の程度によって影響をうけて変化する，諸機能を遂行する生産者，消費者，マーケティング専門業者の介在の仕方は市場構造や「商業的伝統」などによって異なる，といったことである。クロスセクショナルにみると，国・地域や商品によって流通方式が相違するのは，主に生産段階の競争構造と製品差別化の程度の影響が大きいと考えられる。また，商業的伝統とは商人に対する社会的評価や卸売システムの発達程度などである。

16　関根［2012］43-44頁。
17　趙［2012］18-23頁。
18　久保村［2010］3頁。

第4節　マーケティング研究の停滞

　こうしたマクロ・マーケティングの研究は近年，停滞している。そもそもmarketing は，マッカーシーがマクロ・マーケティングとミクロ・マーケティングを分けて定義したように，「流通」と「マーケティング」の2つを包含する概念であった。1960年代までは，ここでとりあげたコックスの著作『高度経済化の流通問題』（*Distribution in High Level Economy*, 1965）に代表されるように流通研究には厚みがあったが，その後，ドラッカー（P. Drucker）が登場して次々に経営学の業績を発表，ミクロ・マーケティングすなわちマネジリアル・マーケティングに研究の重点が次第に移っていった。それは経営学の碩学泰斗ドラッカーが，社会のなかで企業を位置づけるとともに，事業の目的は顧客を創造すること，したがって企業の基本的機能はマーケティングとイノベーションであると論じたからである。「マーケティングは販売のように簡単な活動ではない。販売活動は限定された特殊な活動だが，マーケティングはより広範囲で事業全体にかかわる重要な活動である」とし[19]，マーケティングを企業の主要な活動として体系化した。

　さらに 1980 年代になり，ポーター（M. Porter）によって『競争優位の戦略』（*Competitive Advantage*, 1980），『競争の戦略』（*Competitive Strategy*, 1985）などが次々に刊行されると，戦略論の舞台がマーケティングから経営学に徐々に移っていった。こうした事情について山下は，「経営戦略論とマーケティング戦略論が限りなく重複し，『Strategic Management Journal』が創刊されると，戦略研究はマーケティングの主要分野として次第にとりあげられなくなる」と述べている[20]。その結果，現在のマーケティング研究の主要な

---

[19] ドラッカー［1954］訳本（上）50頁。
[20] 山下ほか［2012］44頁。

舞台は，製品開発，ブランド，消費者行動，社会的マーケティングなど個別の分野に移行してきている。

第5節　日中韓におけるマクロの比較研究

　本書は，第1に日中韓における家電品流通が研究対象であり，マクロ・マーケティング研究である。今までは，「パナソニック，中国大陸　新潮流に挑む」，「ハイアールの戦略―中国最強最大の企業グループ」，「サムスン電子―躍進する高収益企業の秘密」など個別家電メーカーのマーケティングについての研究が中心であり，家電品は自動車とならんで消費財の中核産業であるにもかかわらず，マクロ的研究は取り扱いが難しいなどの理由から放置されてきた。ここでは流通研究に比重をおくが，しかし必要に応じて，企業の立場からのマーケティングもとりあげる。

　次いで，日中韓において家電品産業の発展に伴い，流通機能がいずれの機関によりどのように遂行されてきたのか，歴史的にどう変化したのかを分析する。もちろん3カ国の発展には時間的なずれはあるが，「消費革命」が進み，その程度は急速に縮まりつつある。しかしその一方で，生産構造，流通系列化の進捗，家電量販店の発展や経営方法には大きな違いがある。そこで本書では，それぞれの国の家電品流通の実態を，ヒアリングや文献調査などにより浮かびあがらせ，小売競争の視点から比較分析を行い，マクロとミクロでの政策的含意を提示する。

　第3に，家電小売業の国際化の問題を理論的，実証的にとりあげる。数年前に，中国家電市場の規模や将来性を狙って，米ベスト・バイ，ヤマダ電機，独メディア・マルクトと世界の家電量販店の主要プレーヤーが揃ったが，あっという間に縮小ないし撤退している。家電量販店の海外進出はなぜ難しいのか，克服方法はあるのか。そこで小売業国際化に関する理論仮説をレビュし，アジアにおける家電小売業のグローバル化に焦点を絞った概念化

を行い，家電品流通の今後の方向性を予測する。

第2章

家電量販店の再編とヤマダ電機の中国進出

　家電品流通が大きく揺らいでいる。民間調査期間によると，2010年度の家電量販店（大型カメラ店を含む）のシェアは66.1％に達したが，その一方で，メーカーの系列店など街の電器屋さんは7.9％にすぎない。現在は，家電量販店中心の流通であり，一部の商品群ではリーダーシップは寡占的メーカーではなく家電量販店が掌握していると言ってもいい過ぎにはならないであろう。しかし，その家電量販店の業界もまた揺らいでいるのである。

　家電量販店業界の揺らぎの主な要因は価格競争の激化にある。企業間の競争方式には価格競争と非価格競争があるが，シェアを拡大するために価格競争を仕掛けると，「価格競争の罠」に陥るリスクが高い。価格競争には高進性があるため，一時的に売上が増加するにしても，競争企業も追随して結局は利益率の低下による業績悪化，そして家電メーカーの研究開発費の枯渇を招くことになる。ガルブレイス（J. K. Galbraith, *American Capitalism-The Concept of Countervailing Power*, 1952）の『対抗力の論理』などに代表されるように，小売主導型流通システムが主導的になると，生産段階の寡占の弊害を除去して消費者福祉を増進するというのは幻想だったのであろうか。いずれにしても，日本における家電市場の価格競争の激化は消耗戦の様相を呈しており，生産段階では技術革新が停滞し，小売段階ではサービスの低下

など価格競争の罠にはまりそうである。

　家電品流通の一部主導権がメーカーから家電量販店に移行した背景には，日本の生産段階における競争的市場構造，技術革新の停滞，技術の海外流出，海外企業のキャッチアップなどによって，主要家電製品のコモディティ（市況商品）化が進んだことにある。負のスパイラルから脱出するためには，家電メーカーが，技術革新によって差別的優位性をもつ「ダントツ製品」を開発することがいちばんの方策であるが，そう容易なことではない。たとえば，現在価格競争が激しく，各メーカーが業績悪化に苦しんでいる液晶テレビの分野では，グローバルな規模でコモディティ化が進捗し，価格競争が激化している。液晶テレビを主力商品にしているパナソニック，ソニー，シャープの大手家電メーカー3社は，若干回復に違いがあるとはいえ，2013年3月期のテレビ事業の損益はすべて赤字である。そこでメーカー各社は，バックライトを必要としない有機EL，広い視野角をもつIPS液晶，4倍の解析度をもつ4K，残像感を軽減する倍速液晶，インターネットが利用できる多機能型のスマートテレビなどの製品開発を行っているが，現在これといった決め手がないのが現状である。

　家電量販店としては，メーカーに即効的な技術革新が期待できない以上，自力で小売市場における同質的競争から脱出しなければならない。マーケテ

図表2-1　大手家電3社の連結業績

(単位：億円)

		売上高	当期純利益	テレビ事業の営業損益
パナソニック	1203期	78,462	▲7,722	5期連続赤字
	1303期	73,030	▲7,543	赤字継続（250億円の改善）
ソニー	1203期	64,932	▲4,567	9期連続赤字
	1303期	68,009	40.19	800億円の赤字（680億円の改善）
シャープ	1203期	24,559	▲3,761	赤字転落
	1303期	24,786	▲5,453	赤字拡大

（出所）　各社年次報告書，日本経済新聞（2012年8月4日付）などから作成。

ィング論では，同質的競争が深化すると「格上げ」(trading-up)がおこり，サービス競争へ移行すると考えられてきた。ライフスタイル提案型営業やコンサルティングサービスの提供などにその兆候は若干みられるにしても，現在の景況等はサービス上昇コストを価格に転嫁できる状態にはない。差別化するもう1つの方法はＰＢ商品の開発である。一部家電量販店では，家電商品のＰＢ化がなされているが，1970年のダイエー「ブブ」発売以来，家電メーカーのブランドの壁は厚く，跳ね返されてきた長い歴史がある。

価格競争を緩和する方策の1つは，Ｍ＆Ａによる寡占の高度化である。実際，家電量販店業界では，家電量販店の業績悪化を背景にＭ＆Ａの第二幕が開き，現在，ＮＥＢＡ系，非ＮＥＢＡ系，そしてカメラ系も巻きこんだ横断的な業界再編成が進行中である（ＮＥＢＡについては次頁を参照）。もう1つの戦略は，新たな市場の開拓である。国内市場が飽和してこれ以上の成長が望めないとすれば，海外市場への進出が有力な選択肢になる。海外進出に成功すれば，間接的に国内市場での競争圧力は弱まると考えられる。

本章では，日本の家電量販店の「雄」ヤマダ電機にスポットをあてるが，価格競争の緩和方策と関連して，研究目的は2つある。1つは現在進行中の家電量販店再編成の経緯を明らかにし，今後の方向性を検討することであり，その際第2の目的とも関連するが，ヤマダ電機の海外進出のノウハウをもつベスト電器の買収を詳しくとりあげる。2つめはヤマダ電機の中国進出のプロセスを現地調査も交えてとりあげ，中国市場での成功可能性を，①国内市場における持続的な競争優位，②現地の既存企業に対する差別優位性，③消費欲求に合わせた現地化，④参入時期の観点から分析することにある。[1]

---

[1] Corstjens and Lal [2012] pp. 105-111.

第1節　家電量販店再編成

　家電量販店はＮＥＢＡ系中心の時代から，コジマやヤマダ電機など北関東から新しい家電ディスカウンターが登場したり，ヨドバシカメラに代表されるようにカメラ系が家電品の品揃えを拡大して参入したりして，群雄割拠の時代に突入したが，その後も競争は激化し，業界再編成が行われている。

　家電量販店業界の再編成は現在も進行中であるが，2段階に分けてみることができる。

1. 地盤低下するＮＥＢＡ系

　1997年，コジマは年間売上高でベスト電器を抜いてトップに立った。80年代後半からコジマやヤマダ電機，ヨドバシカメラなど業界団体に属さないディスカウンターが成長するようになったことで，ＮＥＢＡ系の家電量販店チェーンは苦戦を強いられるようになり，業界再編が始まった。ＮＥＢＡ(Nippon Electric Big-Stores Association)は，家電量販店12社で63年に組織された「全日本電気大型経営研究会」を母体に，72年に79社で設立された家電量販店の業界団体で，最盛期の75年には加盟企業数が93社に達し，80年代にはＮＥＢＡ加盟店が家電小売流通の主役を演じた。しかしその後，業界団体に属さないアウトサイダーが成長したことにより，第1段階の業界再編が行われた。その結果会員数は減少を続け，2005年には30社になり，ついに解散した。

　2000年以降この10年余の家電量販店トップ8をみると，まず，コジマを除く北関東発祥の企業と，カメラ系が上位に進出している。ヤマダ電機は，02年2月期，当時トップだったコジマを抜いて家電量販店でトップに立ち，05年には，専門店チェーンとしては日本で初めて売上高1兆円を突破，その年に徳島県に出店して，家電量販店で初の全都道府県進出を果たした。ヤ

マダ電機は10年には売上高が2兆円に達している。未上場のヨドバシカメラも圏外から，05年以降は上位に位置するようになった。しかしその一方で，NEBA系の家電量販店であるエディオンやベスト電器は，非NEBA系に押され業績不振に陥っていることが窺える。

かつてNEBA系の家電量販店は，地域割りを行ってお互いの縄張り（商圏）は侵さないという「紳士協定」が暗黙裏に結ばれており，その間隙をついて成長したのがアウトサイダーであった。そこでNEBA系内部では地理的拡大の必要性から合従連衡の気運が高まり，たとえば中国地方を地盤とするデオデオ（旧社名はダイイチでかつて売上高第1位を誇った）は，中部地方のエイデン，近畿地方のミドリ電化，関東地方の石丸電気を（吸収）合併して「エディオン」に一本化，またサンキュー（福井市，店名は百萬ボルト）を完全子会社化し，現在は売上高でヤマダ電機などに次いで3位の地位

図表2-2　家電量販店の動向

西暦年	2000	2005	2010	2012
1	コジマ 5,067億円	ヤマダ電機 12,642億円	ヤマダ電機 20,161億円	ヤマダ電機 17,015億円
2	ヤマダ電機 4,712	エディオン 7,147	エディオン 9,010	ビックカメラ 8,054
3	ベスト電器 3,365	ヨドバシカメラ 6,012	ケーズデンキ 7,709	エディオン 6,851
4	上新電機 2,671	コジマ 4,974	ヨドバシカメラ 7,005	ケーズデンキ 6,375
5	デオデオ 2,429	ビックカメラ 4,183	ビックカメラ 4948	ヨドバシカメラ 6,371
6	ラオックス 1,882	ギガケーズデンキ 3,533	コジマ 4,490	上新電機 3,660
7	ミドリ電化 1,813	ベスト電器 3,389	上新電機 4,263	ノジマ 2,000
8	エイデン 1,716	上新電機 2,895	ベスト電器 2,912	ベスト電器 1,913

（出所）各社有価証券報告書などから作成。2012年，ビックカメラはコジマを買収。

図表2-3　家電量販店の主なM＆A

西暦年	主な出来事
2002	デオデオ(広島)とエイデン(愛知)が、エディオングループを設立。その後、ミドリ電化(兵庫)、石丸電気(東京)を子会社化。
2004	ケーズデンキ(茨城)が、ギガス(愛知)、八千代ムセン電機(大阪)を子会社化。
2005	ヤマダ電機(群馬)が、豊栄家電から小型電器店フランチャイザー事業を分離して、合弁会社・コスモベリーズを設立。／NEBAが解散。
2006	星電社(兵庫)、マツヤデンキ(大阪)、サトームセン(東京)が統合し「ぷれっそホールディングス」を設立。
2007	ヤマダ電機が新生銀行から「ぷれっそホールディングス」を買収。
2007	ケーズデンキが、デンコードー（当時東北No.1）を子会社に。／エディオンがサンキュー(福井)を子会社化。
2008	ベスト電器(福岡)が、さくらや(東京)を子会社化。
2009	エディオンが、石丸電気(東京)を吸収合併。／蘇寧雲商（中国No.1の家電量販店）が、ラオックス(東京)を買収。
2010	ベスト電器が、さくらやから撤退／さくらや特別精算開始。
2012	ビックカメラが、コジマ(栃木)を子会社化。／ヤマダ電機が、ベスト電器との資本・業務提携を発表[注]。／セキド（東京）が、家電量販店から撤退。

（注）同年12月、公正取引委員会は店舗が重複する一部地域の店舗譲渡を条件に買収を承認した。
（出所）各種資料から作成。

を占めるに至っている。しかしNEBA系は、かつては家電量販店の代表的企業であったが、総じて業績不振に陥っている。こうした経営悪化に苦しんだNEBA系の家電量販店同士のM＆Aが、家電量販店業界再編成の第1段階といえる。

2．家電量販店再編成の第2段階

　家電市場の国内需要規模は、民間調査期間によれば2002年は8.9兆円で、その後漸次的減少が続いていたが、エコポイントの活用によるグリーン家電

普及促進事業（2009年5月から10年末まで）や地デジ化（2010年7月の地上デジタルテレビ放送への移行）の恩恵をうけ，09年は9.4兆円まで拡大した。しかしこれらの終了とともに国内需要は減少に転じ，11年には9兆円割れ，12年の家電小売市場は前年比11％減の7兆4,800億円と8兆円を4年ぶりに下回った。家電市場が成熟化するなかで価格競争が激化，ＮＥＢＡが解散した05年頃からＭ＆Ａが再び活発化し，家電量販店再編成の第2幕が始まった。第2段階の特徴は，再編成の大規模化とＮＥＢＡ系と非ＮＥＢＡ系の垣根を越えたＭ＆Ａで，その主役がヤマダ電機であることである。新たな舞台は，07年，ヤマダ電機が新生銀行からＮＥＢＡ系の「ぷれっそホールディングス」を買収したことが1つの契機と考えられる。

　こうした家電業界を巡る厳しい環境のなかで，2012年になると非ＮＥＢＡ系のビックカメラが，かつて売上高トップだった，やはり非ＮＥＢＡ系のコジマを子会社化し，非ＮＥＢＡ系ヤマダ電機がＮＥＢＡ系のベスト電器との資本・業務提携を発表するなど，大手家電量販店の間でも垣根を越えたＭ＆Ａが勢いを増している。一方，中堅の家電量販店の状況はさらに厳しい。セキドが展開する「でんきのセキド」は，10年の売上高は950億円であったが，翌11年は31％減の660億円に減少し，ついに家電品販売事業から撤退した。関戸正実社長は「家電市場はもう飽和状態です。供給過多ということでしょう。価格決定の主導権がメーカーから小売に移り，価格下落が止まらない。だから誰も利益を取れなくなっている」と述べている。

　家電量販店は近い将来，3〜4社に収束すると予想されている。ある中堅家電メーカーの幹部は，「ヤマダ電機は数を売る力があり，ヨドバシカメラでは先端商品を買う顧客がいる。むやみに返品しないケーズデンキホールディングスは信頼できる。この3社は他の量販店と取引条件で差をつけてい

2　日本経済新聞（2013年2月21日付）。
3　関戸［2012］54-57頁。『日経ビジネス』（2012年11月19日号）。

る」と述べている。日本の家電メーカーは2000年代に入ってから,巨大化した家電量販店に一部の価格主導権を握られてきたが,需要低迷による市場縮小で瀬戸際に立ったことで,逆に量販店選別の動きにカジを切りつつある。テレビが売れなくなった11年の薄型テレビの粗利益率(リベート込み)をみると,ある郊外型の大手家電量販店は22％だったが,別の中堅量販店は12％にとどまった。メーカーによる選別が進めばリベート頼みの量販店経営はなりたたなくなる[4]。こうしたことも家電量販店のM＆Aを加速化させているといえる。

第2節　ヤマダ電機がベスト電器を買収

　M＆A第2段階の主役であるヤマダ電機の最近の動向と,ヤマダ電機とベスト電器との資本・業務提携について少し詳しくみてみよう。

1. ヤマダ電機の新たな成長戦略

　郊外型店舗「テックランド」を主力として展開してきたヤマダ電機は,2005年に47都道府県のすべてに店舗を出店し,専門量販店で初となるナショナルチェーンを実現した。しかし,都市郊外では複数のチェーン店が同じ商圏で競合するケースが頻発するようになり,出店に適した有望な空白地は少なくなった。そこで,ヤマダ電機は新たな出店戦略を採るようになる[5]。それはテックランド業態中心の出店から「マルティフォーマット（多業態）戦略」への転換であった。大都市への「ＬＡＢＩ」出店に続いて,小商圏型店

---

[4] 日本経済新聞（2011年6月15日付）。
[5] 関根［2010］10頁。

舗の展開も積極的に行い，地域密着のフランチャイズ店舗とあわせ，ヤマダ電機グループはいまや全国3,000店舗をこえるまでに拡大した。テックランドとは異なり，駅前立地で品添えが豊富な大型の業態であるＬＡＢＩ（Life Ability Supplyからの造語）の開発は，06年，大阪市浪速区に「ＬＡＢＩ１なんば」をオープンしたことに始まり，12年10月末で21店に達した。現在，こうした都市型大型家電量販店の先発隊であるビックカメラやヨドバシカメラとの間で激しい競争を繰りひろげている。その結果，近年，大都市の中心市街地も出店余地が少なくなり，今度は大型店に代わり，中小都市での小型店業態の開発に力点をおくようになった。ヤマダ電機は，10年9月に人口2万人強の宮崎県えびの市に小型のテックランド1号店をオープンしたのを皮切りに各地に展開したが，小型店の業績は思わしくなく，12年には出店予定数を抑制する決定をした。その後13年3月までに小型店を中心に200〜230店を開いて減収を補う予定だったが，計画を立て直し，100店程度に半減した。12年10月末現在，テックランドとＬＡＢＩの合計店舗数は568店，コスモベリーズ（2008年，ヤマダ電機が子会社化）のフランチャイズ加盟店は3,026店に達している[6]。

　国内家電市場の成熟化を背景に，ヤマダ電機は新しい成長モデルを求めて，新事業の立ち上げと海外進出の展開を積極化しようとしている。新事業の1つはスマートハウス事業である。2012年5月，群馬県高崎市のヤマダ電機本社ビルにある「ＬＡＢＩ１高崎」の入り口付近に家電量販店らしからぬ展示スペースが登場した。「住宅用土地，お譲り下さい」の看板があって，その横には次世代省エネ住宅「スマートハウス」の模型と住設機器や太陽光発電装置が並んでいる。山田昇会長（当時，現在は社長，以下同じ）は「これが新たな家電量販店の姿になる」と言いきる。新事業の立ちあげに際して，ヤマダ電機は11年10月に住宅メーカーのエス・バイ・エルを63億

---

[6] ヤマダ電機「月次ＩＲ情報」。

円で子会社化し，12年5月には住設メーカーのハウステックホールディングスを約100億円で買収した。「家電だけを売る電器屋ではダメで，これからは家電製品に住宅を結びつけることが欠かせない」と山田は述べている。[7]

　こうした考えに基づいて，ヤマダ電機はその発祥の地である群馬県で，環境に配慮した「スマートタウン」の開発に参入した。板倉町に500戸規模の次世代省エネ住宅「スマートハウス」を建設する計画である。板倉町と協力し，発光ダイオード（LED）の街路灯や電気自動車（EV）の給電システムなども導入する。家電販売市場が縮小するなか，ヤマダ電機はスマートハウスを軸にした住宅事業を新しい成長の柱に据え，「板倉ニュータウン」の土地を群馬県から購入し，発電能力4kWの太陽光発電装置や蓄電池，家庭用エネルギー管理システム（HEMS）などを標準装備した住宅分譲を開始した。1戸当たりの敷地面積は平均約220平方メートルで，エス・バイ・エルなどの子会社を生かし，最低販売価格は1戸2,980万円と売り出し価格を

図表2-4　ヤマダ電機の業績推移

(単位：億円)

3月期	年商	営業利益	粗利益	販管費※
2012	18,354	890	25.3%	20.4%
2011	21,553	1,227	23.5	17.8
2010	20,161	873	25.4	21.1
2009	18,718	495	25.2	22.6
2008	17,678	654	22.1	18.4
2007	14,437	556	23.1	19.2
2006	12,840	494	22.2	18.3
2005	11,024	292	21.0	18.4

(※)　販管費とは「販売費及び一般管理費」のことで，小売業を営むために要した人件費，家賃，プロモーション費，水道光熱費など。
(出所)　ヤマダ電機　IR情報から作成。

---

[7] 日本経済新聞（2012年7月5日付）。

抑制する。12年中に約60戸を売りだし，今後3年間をめどに502戸を販売する計画である。また，これとは別に，家電と住宅機器を一括して提供するために，住宅設備機器大手のハウステックホールディングス（1963年に日立成工業の住宅設備機器事業部として創業）も子会社化している。

　新しい成長モデルのもう1つの戦略は新たな市場の創出であり，国内市場が飽和して開拓する余地が少なくなれば海外進出が1つの選択肢になる。かねてより海外進出に関心を抱いていたヤマダ電機は，2010年，中国に直接進出するとともに，12年，家電量販店では海外展開に唯一実績があり，近年，業績不振に苦しむベスト電器の子会社化に乗りだした。新事業の立ちあげについての戦略的検討は別稿に譲るとして，ここではヤマダ電機の海外戦略に焦点を絞ろう。

2. 苦戦する先駆者「ベスト電器」

　福岡市に本社をおくＮＥＢＡ系のベスト電器は，1953年創業，84年東証1部上場，79年度から96年度まで年間売上高で業界首位の企業であり，日本の家電量販店としてはめずらしく海外事業展開に積極的な企業である。2012年2月末で，店舗数は国内直営店が169店，海外はさまざまな経営方式があるが，インドネシアやシンガポールなど5カ国・地域に合わせて57店，そして国内フランチャイズ店の301店を含めると総店舗数497店になる。01年度における店舗の推移は，直営店では4店の出店（いずれも海外）と16店の閉鎖（うち海外9店含む）を行い，フランチャイズ店では18店の出店（うち海外8店含む）と17店（うち海外2店含む）の閉鎖を行ったが，現在までの所，低迷が続いている業績改善の兆しはみられない。

　海外事業については，2011年，香港事業の譲渡，台湾での適得電器股份

8　日本経済新聞（2012年8月16日付）。

図表 2-5　ベスト電器の業績推移

(単位：億円)

決算年（2月）	売上高	営業利益
2013	1,913（△ 23.2）	△ 33
2012	2,617（△ 25.3）	25
2011	3,410（△ 1.3）	59
2010	2,912（△ 2.3）	67
2005	3,389（△ 2.1）	30
2000	2,670（＋ 2.6）	15

(注)（　）内の数字は前年比増減率（％）。
(出所) ベスト電器年次報告書。

　有限公司への出資比率引下げ実施で，ＡＳＥＡＮ地域に経営資源の集中を推進している。海外店舗の内訳は，クウェート1，インドネシア8，シンガポール11，マレーシア13，台湾26店舗であり，参入モードは現地法人との資本提携，フランチャイズ契約などさまざまである。

　ベスト電器はヤオハンと提携して，1985年，初の海外進出となるシンガポール・オーチャード店をオープンし，その後ヤオハンのアジア展開と共同歩調をとったが，97年，ヤオハンの経営破綻により提携は解消された。しかしその後も海外事業展開を継続しており，こうしたことからベスト電器は，日本の家電量販店としては海外進出の先駆者であり，唯一海外戦略のノウハウをもつ企業といえる。しかしながら，グローバル化のパイオニアであり，国内でもそれなりの実績を積みあげてきていたにもかかわらず，近年の業績は低迷している。九州を主要商圏とするＮＥＢＡ系の同社は，80年に家電専門店（直営店95店，ＦＣ店105店）で売上高全国1位になり，その後もナンバーワン家電小売企業の地位にあったが，97年に業界シェア1位から転落，現在はベスト電器単体では8位に後退している。

9　ベスト電器「平成24年2月期・決算短信」による。
10　岡嶋［2005］。

第2章　家電量販店の再編とヤマダ電機の中国進出　27

図表 2-6　ベスト電器年譜

1953 年	創業者 北田光男が九州機材倉庫を設立。56 年，家電品の販売を開始。
1968 年	ベストサービスを設立。店名を「ベスト電器」に変更。
79 年	店舗数 100 店舗（直営店 73 店，ＦＣ店 27 店）。売上高全国 1 位。
1980 年	店舗数 200 店舗（直営店 95 店，ＦＣ店 105 店）。
82 年	東京証券取引所（市場第二部）に上場（84 年第一部に昇格）。
85 年	売上高 1,000 億円。店舗数 300 店舗（直営店 112 店，ＦＣ店 188 店）。ヤオハンと提携しシンガポールに海外 1 号店をオープン。
86 年	シンガポール支店を開設，ＦＣ方式によるチェーン展開を開始。
87 年	香港支店開設。
88 年	店舗数 400 店舗（直営店 113 店，ＦＣ店 287 店）
1992 年	売上高 2,000 億円。
94 年	マレーシア支店開設。
95 年	中国 1 号店をオープン。店舗数 500 店舗（直営店 183 店，ＦＣ店 317 店）。
97 年	コジマに売上高首位の座を譲る。北海道初進出し全国ネットワーク化。
98 年	名古屋本店・広島本店オープン。
2005 年	台湾大手家電量販店の株式を取得し台湾に進出。インドネシアに家電品販売会社を設立。
09 年	クウェートにＦＣ店舗オープン。
10 年	台湾の新竹市に新店舗オープン。
11 年	香港の 3 店舗を蘇寧雲商に売却。
12 年	ヤマダ電機の傘下に入る。

（出所）ベスト電器ＨＰなどから作成。

　地位後退の理由としてはＮＥＢＡ系家電量販店の全般的地盤低下がある。ＮＥＢＡは，家電メーカー系列店中心の流通のなかで，家電小売店のアウトサイダーの「勉強会」的なモノとして発足，家電市場全体が拡大したことを背景に商圏ごとに棲み分けがなされた。しかし，90 年代にはいると，メーカーに対して要望をだすような役割に比重が移り，会員同士が切磋琢磨するよりもロビー活動を行ったり，次第にメーカーとも親和的になったりするなど保守的性格に変質，逆にＮＥＢＡに加盟すると種々の拘束を受けるという側面が顕在化し，離脱者を生むようになった。またこの時期には，大型店出

図表 2-7　ベスト電器の大株主

	2008年2月	2012年2月
ビックカメラ	9.33%	15.03
ヤマダ電機	8.24	7.45
日本トラスティサービス信託銀行	5.73	4.42
西日本シティ銀行	4.21	4.21
日本生命保険	3.01	3.01

（出所）Ullet.（企業価値検索サービス）。

　店の規制緩和が段階的になされたことを背景に，立地戦略や価格政策などで自由度の高いヤマダ電機，ヨドバシカメラ，ビックカメラ，コジマなどの「第二次アウトサイダー」群の家電量販店が成長する一方で，ＮＥＢＡ系量販店は後退していった。協会は役割を終え，遂に 2005 年に解散した。[11]

　ベスト電器はこうした状況下でも拡大路線をとり，ＦＣ店も含めると，出店地域を九州から北海道まで全国的に店舗網を広げたが，その拡大路線は裏目にでたと考えられている。[12] その理由としては，ベスト電器の直営店は 2,000㎡程度と他社に比べ小規模で品揃えで劣る，九州地区以外では店舗密度が低く物流コストがかさむために価格競争力が劣る，全国展開で先行したにもかかわらず，大型化や効率的な仕組みづくりができなかった，などコジマの低迷と同様の要因が指摘される。ベスト電器は，業績悪化に苦しむ

---

[11] ＮＥＢＡ解散で主要家電量販店の業界団体がなくなった。そこで公正取引委員会の呼びかけに応じて，ヤマダ電機をはじめエディオン，ケーズデンキ，ヨドバシカメラ，ビックカメラ，コジマなど主要家電量販店は「全国家庭電気製品公正取引協議会」に加入した。同協議会は，1991 年，公正な競争を確保するために電機メーカー，業界団体，電器店商業組合などで設立されたものである。

[12] 日本経済新聞（2012 年 7 月 12 日付）。

[13] 日本経済新聞（2012 年 7 月 12 日付）。

2007年，ビックカメラと資本・業務提携を結び，08年，ビックカメラに対して第三者割当による自己株式処分を実施し，ビックカメラは持ち株比率14.95％の筆頭株主になった。さらに，同社による株式追加取得で15.03％に達し，同社の持ち分法適用関連会社になり，両グループを合わせた規模は業界２位に相当した。

しかしながら，ビックカメラとの資本・業務提携にもかかわらず，一向に改善の兆しはみられなかった。ベスト電器は，家電エコポイント制度や地上デジタル放送への移行に伴うテレビ特需の終息でさらに業績が悪化していった。

3. ヤマダ電機がベスト電器を買収：ベスト電器争奪戦

家電量販店業界再編の第一幕は，エディオンに代表されるように，非ＮＥＢＡ系の成長に大きな影響を受けたＮＥＢＡ系同士の合従連衡であったが，第二幕は，ＮＥＢＡ系，非ＮＥＢＡ系，そしてカメラ系も巻きこんだ横断的なＭ＆Ａに特徴があり，まだ幕が切って落とされたばかりである。また，ベスト電器を巡る激しい争奪戦は，成熟する国内市場での業界再編成と海外進出ノウハウの獲得という２つの側面があった。

業界２位のエディオンも一時ベスト電器の株式を買収するなど，ベスト電器の提携相手は揺れ動いていたが，ついに2012年7月，家電量販最大手のヤマダ電機がベスト電器を買収することになった。ヤマダ電機はベスト電器の第三者割当増資（121億円）を引き受け，発行済み株式の過半をもつ筆頭株主となり，2兆円を上回る売り上げ規模を確保した。ヤマダ電機はベスト電器株の7.5％をもつ第２位株主であったが，保有株と近くベスト電器が実施する増資の引き受け分を合わせ，出資比率を50％超に高める。ベスト電器はヤマダ電機の連結子会社となった後も「ベスト電器」の店名は変更せずに営業を続け，上場を維持する見込みであり，テレビ販売の低迷で家電市場が急速に縮小するなか，販売シェアを高めて勝ち残る姿勢を打ちだした。[13]

一方，家電量販業界では 5 位のビックカメラが 2012 年 6 月，7 位のコジマを子会社化して売上高 1 兆円に迫る 2 位に浮上しており，合従連衡の機運が高まっていた。ビックカメラは，ベスト電器におよそ 15％を出資して資本・業務提携していたが，ヤマダ電機のベスト電器買収で出資比率は低下，ビックカメラとベスト電器の業務提携は解消に向かうことになった。
　ヤマダ電機とベスト電器の両社は，商品仕入れや販売関連システムの統合を進める一方で，ベスト電器の雇用確保，上場維持，店名の存続に加え，ヤマダ電機が役員を派遣しないことや，ポイントシステムの統合でも合意している。また，ベスト電器の買い物客へのポイントの還元率は現在，原則として購入額の 0.5％だが，それをヤマダ電機並みの 10 ～ 20％に引きあげる。さらに，ベスト電器は増資で調達した資金を不採算店の閉鎖など主にリストラに充て，財務体質の改善を急ぎ，ヤマダ電機との共同仕入れによるメーカーとの取引条件の改善や，店舗網の連携による物流の効率化もめざす。ヤマダ電機はベスト電器の買収により，2 兆円の売上規模を確保するほか，ベスト電器の地盤である九州地区のシェア拡大や，ベスト電器がインドネシアなどでもつノウハウを活用して海外市場の開拓に弾みをつける。[14]
　ベスト電器は，1997 年度にコジマに抜かれるまで業界トップの座にあった。2006 年に子会社化した旧さくらやなどが足かせとなり，大手との業績格差が開くようになった。ヤマダ電機は 07 年に市場でベスト電器株を買い集めて提携を目指したが，ベスト電器はこれに反発してビックカメラと提携，08 年にビックカメラの持ち分法適用会社となった経緯がある。ただテレビ特需でベスト電器の業績が一時的に改善したこともあり，共同出店など両社の協力は進まず，提携効果はほとんど出せていなかった。こうしたなかでビックカメラが生き残りに向けてコジマを子会社化したため，ベスト電器は連携を探る必要に迫られていた。今回の買収劇は業績不振も切迫し，金融

---

[14] 日本経済新聞（2012 年 7 月 13 日付）。

機関からの再編圧力も高まり，事業再建を進めるベスト電器の経営不振を懸念したメインバンクの西日本シティ銀行がヤマダ電機への増資の提案をもちかけ，山田昇ヤマダ電機会長と小野浩司ベスト電器社長の2人を引き合わせたことがきっかけとなった。[15]「救済色の強い買収」という懸念の声もあるが，山田昇会長が「店舗がない地域の市場をアマゾンにとられている」と語っているように，新興勢力への対抗措置の意味をもつし，何よりも海外戦略のノウハウの取得が大きいと考えられる。さらに，「ベスト電器の海外店舗は郊外型なので，ヤマダ電機の都市型店舗を旗艦店として出店すれば，相乗効果が高い」とも語っている。[16]

なお，ベスト電器は2013年2月期の連結最終損益が173億円の赤字である。従来予想は2億円弱の黒字であったが，薄型テレビなどの販売不振や不採算店舗の減損計上が響いている。売上高は前期比23%減の1,913億円，経常利益は36億円の赤字で，従来予想をそれぞれ大きく下回った。同社経営陣は「次期はヤマダ電機との資本・業務提携効果を最大限に発揮し，競争力の向上，収益力の拡大を目指す」としており，提携の本格的寄与は来期以降になると考えられる。[17]

4. 加速する業界再編

ヤマダ電機のベスト電器買収劇に先立つ2カ月前，家電量販店大手のビックカメラはＮＥＢＡ解体の立役者であったコジマを買収，合計売上高は1兆円弱でヤマダ電機に次ぐ2位になった。ビックカメラはコジマが実施した第三者割当増資を引き受け，株式の50.06%を141億円で取得した。「(店舗網などの) 相互補完的な規模拡大」(宮嶋宏幸ビックカメラ社長)，「財務基盤を

---

[15] 日経電子版（2012年7月17日付）。
[16] 日本経済新聞（2012年7月14日付）。
[17] ベスト電器「平成25年2月期決算短信（連結）」。

強化する」(寺崎悦男コジマ社長)と，記者会見で両社のトップは意義を強調した。ビックカメラは東京や大阪など大都市の主要駅前で約40店を展開する業界5位，一方6位のコジマは，郊外の幹線道路沿いや住宅地を中心に全国で約200店をもち，ビックカメラは売場面積1万m²級の大型店，コジマはおよそ3,000m²の中型店が主力で，両社は店舗網の補完関係が構築できると考え，統合に踏み切ったといえる。ビックカメラは買収後，コジマに役員を派遣するが，コジマの店舗名や社名は存続させ上場を維持する。家電業界では，今まで少額出資の資本提携では家電を共同仕入れはできないという慣行があった。そこでビックカメラはコジマを一気に子会社にし，ベスト電器とはできなかった共同仕入れを実現して取引条件を有利にしたり，ＰＢ商品を開発したりして粗利益率などを改善，2015年度までに経常利益を1.9倍の500億円に増やすことを目指している。コジマは3年で最大50店を閉鎖・再配置して収益性を改善させる計画である。

家電市場は，政府の家電エコポイント制度や地上デジタル放送への移行に伴う薄型テレビ特需の反動で，2011年夏以降縮小傾向にあり，量販店各社は事業戦略の再構築を迫られている。コジマは，大規模小売店舗法による大型店の出店規制が行われていたなか，1980年代後半から中・小型郊外店を全国へ出店して成長し，低価格路線をセールスポイントに，90年代後半には業界トップに立った。しかし，ヤマダ電機をはじめとする競合各社が進めた店舗の大型化で後手に回り業績が悪化，01年，ヤマダ電機に首位の座を明け渡した。近年は，大手のなかでは経営基盤が脆弱で，他社との連携による生き残り策を探っていた。

家電量販各社は，2000年の大規模小売店舗法の廃止により出店規制が緩和され，店舗の大型化を進めた。主に地方都市や郊外に店舗網を築いてきた業界首位のヤマダ電機が近年，カメラ系量販店が得意としてきた大都市の主

---

18 日本経済新聞 (2012年5月11日付, 5月12日付)。

要駅前に進出するなど，業界内の競争が激しくなっている[19]。さらに，情報通信網の高度化とともに店舗をもたないインターネット通販が，低価格訴求を武器に年々存在感を増しており，消費市場の変化，業界内競争，新勢力の登場という環境の変化が再編を促している。こうした量販店の集約が進めば，メーカーの再編を促す一因になる蓋然性も増すと考えられる。家電量販店再編の第二幕はまだ始まったばかりであり，家電量販店は，縮小する家電市場で近い将来，大手3～4社に集約されるのではないかと予想されており，各社は事業戦略の再構築を急いでいる[20]。

第3節　家電量販店の中国進出

　中国家電市場の国際化は，海外製品の輸入を別にすれば，世界最大の家電量販店である米ベスト・バイが，2005年，江蘇五星電器を傘下にしたことに始まる。ベスト・バイは，07年に上海を代表する繁華街である徐家匯に自前店舗をオープンし，商品別の売場構成，そして家電メーカーの派遣店員に依存しない日本型の店舗展開を始めたが，時期尚早だったのかサービス・価格政策が顧客に支持されなかった。政府との対応がスムーズに進まず不利な扱いを受けたのが業績不振の大きな要因という説もあるが[21]，結局11年に撤退，それまで展開していた「ベスト・バイ」の全店舗を売却した。ただし，江蘇五星電器から引き継いだ「ファイブ・スター」の方は消費者になじみがあり価格競争力が強いと判断して存続している。

　その後ヤマダ電機，独メトロ，ラオックスなどの中国市場への参入が続いている。なぜこの時期に中国に進出したのかと言うことに関して，主なプッ

---

[19] 日本経済新聞（2012年5月12日付）。
[20] 日本経済新聞（2012年7月14日付）。
[21] 現地での業界関係者に対する聴きとりによる。

シュ要因として国内家電市場の成熟化と競争の激化が，プル要因として国美電器など大型店舗の撤退が多くみられたことに象徴されるように，不動産価格の値下がりが急であり，これをビジネスチャンスと捉えたことがあげられる[22]。ヤマダ電機（中国）投資・総経理（当時）・稲田貞夫は，進出に際しての意気込みを「当社には，サービス品質を維持するための人材育成システム，来店客に楽しんでもらう生き生きとした売り場作りのノウハウなど，こうした欧米系企業よりも秀でている点がある。ヤマダ電機流は中国でも通用すると信じている[23]」と述べている。

1. ヤマダ電機の中国進出の系譜

2010年12月，ヤマダ電機は同社にとって海外1号店となる「亜瑪達」を瀋陽にオープンした。なぜ，北京や上海ではなく，最初の店舗が瀋陽になったのかということに関しては，そのほかにもいろいろ候補地はあったが，許認可が非常に煩雑で計画通りにいかないのが中国のお国柄で，出店手続きが最もスムーズに進んだのが瀋陽であったという事情による[24]。瀋陽店は自社で土地使用権をもつ物件であり，売場面積は東京・池袋の旗艦店とほぼ同等の約2万4,000㎡と中国家電量販業界でも最大級である。山田昇ヤマダ電機会長は，「サービス，商品戦略など日本と同じ形で展開する。地方都市の瀋陽で成功すれば中国全土での展開が可能だ」と述べており，ヤマダ電機流のポイント会員制度も導入し，顧客の組織化を急ぐ方針である[25]（2011年5月現在，会員数は20万人超）。中国でもポイントカードの効果は大きそうであるが，ポイント制の意味が理解できない消費者が多いので，普及させるために

---

22 ヤマダ電機・取締役執行役員副社長・岡本潤に対する聴きとり調査による。
23 『上海BIZZマガジン』（2012年4月24日付）。
24 同上。
25 日本経済新聞（2010年12月6日付）。

広報活動に力を入れている[26]。

　山田昇会長は、中国市場への進出について次のように語っている。「企業の使命は持続的に成長することである。少子高齢化が進む日本市場だけでは成長に限りがある。将来的な選択肢としてはインドネシアやベトナムもあるが、ＧＤＰ世界第１位になろうとしている中国をおいてほかの国はありえない。アジアのなかでの中国の位置づけは非常に大きいし、日本の家電メーカーはほとんど中国に進出しているので、サプライチェーンも有利である。ヤマダ電機は、市政府の誘致で出店しているので、物件については市の斡旋がある。３年で５店舗出店、売上目標は1,000億円、成果が生まれるのは２〜３年後からで、回収は最低でも５年程度はかかるとみている。これまでの中国の家電量販店は、場所貸しビジネスにすぎず、テナントの管理以外はメーカー任せで、自ら店舗を構え、人を採用・教育し、在庫リスクを負担しないし、プロモーションや配送なども外部に依存している。瀋陽店が開店した後、近くに中国式の家電店がたくさん出店したが、どこも状況はよくない。ヤマダの方針は人の質的・量的な確保が最優先で、瀋陽店の出店に先立ち、中国人留学生を100名採用した。2011年３月期は50名、12年度も50名採用、いい人材を確保し、企業文化や企業理念を徹底して教え込んで共有することが大事と考えている」[27]。

　中国でのプロモーションについてみてみると、日本とは状況が異なる。ヤマダ電機のプロモーション戦略の核心はチラシ広告にあるが、これは日刊紙宅配の普及が前提となっている。日本では、店舗規模と撒くチラシの数で、効果測定を行っているが、中国では、新聞は宅配がごく一部でほとんどが店売りなので、折り込み広告を自由に打つことができない。したがって、地域特性を考慮して、効果的なプロモーション・ミックスを構築する必要があ

---

26 ヤマダ電機（瀋陽）総経理・黒澤達也に対するヒアリングによる。
27 ＢＣＮ・BIZLINE（2011年８月11日付）。

る。

　ヤマダ電機の中国2号店は，2011年6月，天津市にオープンした。天津市最大の繁華街に位置し，南京路歩行者天国と濱江道歩行者天国の交差点で，地下鉄やバスをはじめ，車でのアプローチにも便利な立地である。日本仕込みの接客サービスや独自の品揃えを武器に市場を開拓することを目論んだ。天津店の売場面積は1万5,000㎡，地上1～4階の売場に日本メーカーを中心にした家電製品や日用雑貨など100万品目をそろえた，市内最大規模の家電量販店であった。レストランやキッズコーナーも開設，販売スタッフは1号店と同様に，日本への留学生や現地採用者らを自前で育成した。瀋陽店は自社物件だったが，ここ天津店は賃貸物件である。消費者に対する店舗の認知度を高めるために，新聞広告などを利用し，瀋陽店でも導入したヤマダ電機流のポイント会員制度により，顧客の組織化を狙うとともに，長期修理保証制度などを実施した[28]。

　2011年には，ヤマダ電機は中国事業を統括して効率的に運営するため，出店資金や商品仕入れを一元管理する持ち株会社「山田電機（中国）投資有限公司」を北京市に設立した[29]。中国では省ごとに商習慣などが異なるため，ヤマダ電機は店舗ごとに運営会社を組織しているが，資金や商品仕入れの管理を持ち株会社に一元化し，中国事業を機動的に展開することを意図した。今後は新店の出店費用や運転資金などを，ヤマダ電機本体から持ち株会社を通じて運営会社に融通する計画で，中国に工場をもつ日本メーカーから中国の店舗向けに商品を仕入れる際も，持ち株会社が窓口になる。

　また，中国政府の規制緩和を受け，2011年，中国全土でインターネット通販を始め，3年後をめどに店舗販売とあわせて売上高1,000億円をめざした。家電エコポイント制度の終了で日本の家電市場は縮小し，成長が見込め

---

[28] 日経MJ（2011年5月13日付），人民網日本語（2011年6月10日付）。
[29] 日本経済新聞（2011年5月13日付夕刊）。

る中国事業の拡大をはかろうとした。日本メーカーの家電製品など10万点以上を扱い，発送する商品は店舗の在庫を活用して，価格は原則，店舗とそろえ，1店当たり200億円を見込む店舗売上高の上積みを狙ったのである。

　日本式ビジネスモデルでは，ブランド別ではなく，商品別の売場で社員が販売するが，商慣行の違いの1つとしては決済の問題がある。中国では国有企業中心の計画経済時代から，取引が行われても資金回収に手間取るのがふつうであり，中国に進出した日系家電メーカーも売掛金管理で苦労するケースが多い。たとえば，大手量販店はサプライヤーへの支払が不規則的だったり海外企業に対して差別的な取り扱いをしたりすることがよく見受けられる。これに対してヤマダ電機は，他の日系小売企業と同様に，注文支払やキャッシュ・オン・デリバリー（代金引換渡し）方式を採用しているので，サプライヤーとの間の関係は非常によいといわれている。

2．中国の特殊事情[30]

　中国では海外資本の家電量販店は，国内量販店と比べて不利な取り扱いを受けている。米ベスト・バイの失敗の大きな原因もここにあるといわれている。国美電器や蘇寧雲商などの国内資本と異なり，海外独資企業（外国企業が100％出資した中国企業）の家電量販店は，業務内容が制限されていて配送や据え付けなどサービスの免許を取ることができない。独資は，これらのサービス提供ができない仕組みなので，配送は外部の業者に委託し，設置は設置でまた別の業者に任せなければならないことになっている。ただし，海外企業との合弁企業の場合だと若干サービス提供が可能とのことである。またアフターサービスも，韓国と同じように制度上メーカーの「鑑定」がない

---

[30] ヤマダ電機（中国）総経理（当時）・稲田貞夫とヤマダ電機（瀋陽）総経理・黒澤達也に対するヒアリングによる。

と修理できないので，内資，外資にかかわらずメーカーが行っている[31]。消費者信用では，これも認可の関係でロシア系の信販会社を使っていたが，2012年になってようやく，瀋陽店，天津店は「イオンクレジット」に切り替えることができた。日本における12年の「産業構造審議会」流通部会の報告書でも，小売業がアジア諸国に進出する際，進出先の政府による出店や扱い品目の規制，その不透明な運用などの課題に直面していると指摘されている[32]。企業としては，こうした情報収集を行う必要があるし，日中流通対話などを通じて是正を求めていかなければならない。

　日本におけるヤマダ電機のプロモーションの生命線は「チラシ広告」であるが，中国では事情が大きく異なる。中国では，消費者はネットで調べて店舗で買う傾向が強く，来店すると指名買いすることが多い。チラシ広告の内容に対する信頼度は非常に低く，「嘘八百がならべられている」とみられ，値段は載せていないので信用されない。チラシを街頭で配ることは禁止されており，郵便ポストをみる習慣があまりなく，DMが難しいので，プロモーションの手段はテレビ，ラジオ，携帯メール，口コミなどが頼りである。日本では消費者が週末に，新聞の折り込み広告をみてショッピング計画を立てるという慣習が根付いているのとは対照的である。また，政府による虚偽誇大なチラシ広告に対する規制が厳しく，「超」，「最大級」，「最高」，「最低」などの表現は認められない。さらに，地方レベルでは市と区では見解が違うケースも多く，違反に対する処分は警告なしでいきなり罰金が課せられるので，店舗側では対応に苦慮している。こうした状況に稲田貞夫総経理（当時）は，「中国ではチラシ文化が育っておらず，チラシに書かれてある内容を信用しない風土は根強い。しかし当社は，商品スペックから価格まで丁寧に網羅した見やすいチラシで，新しいチラシ文化を創造していきたいという

---

[31] 趙［2012］。
[32] 経済産業省［2012］。

気概をもっている」と語っている。

　これらは，政府の物価担当機関からの表示を崩してはいけないという指令と相俟って，多くの家電品について店舗間での価格差を僅少にしている。もっとも，価格維持に関してはメーカーも神経をとがらせていて，中国メーカーばかりではなく日系メーカーなども安売りをすると，報復的な集荷停止措置を執られたり，そこまでではなくても始末書を書かされたりするのは日常茶飯事とのことである。中国でも2008年8月から独占禁止法が施行されているが，運用基準が不十分で日本の状況とはかなり異なっている。そのなかでも再販売価格維持などの不公正な取引方法に対する運用実態が手ぬるいのは，韓国と類似している。

　中国では，家電メーカーに対する発注は注文生産の色彩が強く，半年や1年分をまとめて発注する慣行が普及している。したがって，スポット的な発注は難しいので基本的に返品はないが，もし返品が可能であれば増地税は還付される。また，商品の店舗間移動も，省を跨ぐと増地税がかかるので，たとえヤマダ電機の店舗間であっても自由に商品を融通できず，それも中国の特殊事情といえる。

3. 蘇寧雲商の本拠地でラオックスと対決

　2012年3月，ヤマダ電機は3号店を南京市に出店した。南京市は蘇寧雲商発祥の本拠地であり，その傘下のラオックスが，すでに11年末に出店している。[33] これまでのヤマダ電機の出店戦略の1つは，旧ダイイチの広島やビックカメラの東京・池袋に乗り込んだように，相手の懐に飛び込むことであり，中国でも進出してから時期をおかずに南京に出店したわけである。

　新店舗の売場面積は約1万6,000㎡で，「ラオックスライフ（楽購仕生活広

---

[33] 日経MJ（2012年3月26日付）。

場)・銀河１号店」との距離は3km程度しか離れてなく、両店とも日本のブランドを充実させ、自社の販売員が複数メーカーの製品を比較しながら接客するというスタイルは共通である。ポイント制度なども導入し、同じ業態コンセプトの店舗相互の競争が始まった。こうした状況にヤマダ電機の山田昇会長は「競合店があることで日本式の家電販売の存在感が高まる」と語った。ラオックスの羅怡文社長も「商圏は微妙に異なり、直接的な影響は少ない。良い刺激になるのでは」と表面的には冷静さを保っている。ヤマダ電機の強みの１つは日本で蓄積した大型店の運営ノウハウであり、岡本潤副社長は「子供を遊ばせるキッズスペースなど日本オリジナルの細やかな店づくりの反響が大きい」としていた。

　南京店は、いくつもの百貨店や量販店が軒を連ねる市最大の繁華街「新街口」に立地し、近隣には家電量販店も多い。ヤマダ電機のすぐ横には米ベスト・バイ傘下の江蘇五星電器の本店が立地し、近くには蘇寧雲商の本店を含め２店舗もある。この南京は蘇寧雲商の創業の地であり、ヤマダ電機はその「城下町」に乗り込んだことになる。ヤマダ電機がオープン前日にテレビＣＭを放映すると、そのすぐ後に蘇寧雲商もＣＭを流すといったように、両社のライバル意識はかなり高い。中国で同じ都市内で複数の日本式家電量販店が営業するのは初めてであり、南京では、「これから家電量販店の激しい競争が繰り広げられそうだ」と報道された。[34]

　ヤマダ電機は、2013年３月には上海市に１万5,000㎡の４号店を開く予定だったが、12年９月尖閣諸島国有化に端を発した日本商品不買運動などにより、当面新規出店は凍結になった。一方ラオックスは、12年５月、日本人が多く住む虹口区に「楽購仕四川北路旗艦店」を先行してオープンした。ラオックスは南京店に続き２店目で、売場面積は7,000㎡と、南京店よりもやや小規模だが、日本ブランド製品の比率を半分ほどに高め、品揃えも理美

---

[34] 日本経済新聞（2012年３月26日付）。ＢＣＮ・ＢＩＺＬＩＮＥ（2012年３月22日付）。

容・キッチンなどの生活家電，厨房機器，化粧品，楽器，玩具など幅広く力を入れることで，消費者への浸透を図っている。現地法人の「楽購仕（上海）商貿有限公司」の鮑俊偉副総経理は開店にあたって「上海は中国全国の経済発展をリードする都市であり，最先端の情報が集まる都市。消費者はよりおしゃれで，最新の国際的なショッピング体験を求めている。ラオックスの店舗スタイルは，このような状況にマッチする」と述べている。

遅れて進出したラオックスの中国での出店は，ヤマダ電機よりかなり積極的である。ラオックスは当初の予定を積み増し，2012年内に18店体制に広げると発表した。南京と上海のラオックスの店舗経営が順調に推移していることを背景に，7月に北京市で初出店し，12年末までに同市で約5店，上海ではそれ以上を予定した。ラオックスは親会社である蘇寧電器の既存店舗の衣替えによる拡大が可能で，この点で店舗展開の迅速化には有利といえる。こうしたラオックスの積極的姿勢について，現地では，同じ日本式経営とブランドを特徴とするヤマダ電機に先手を打って，店舗網を広げる狙いであると考えられている。同社の中期計画では，今後5年間で25都市，150店舗の出店を予定しているが，13年6月現在の店舗数は11店に留まっている。

中国国務院は，2012年5月，「家電下郷」政策（農村住民向けの家電購入補助制度）」に加えて，日本のエコポイントに相当する，省エネ家電製品などに対する補助金総額は265億元（42億ドル）を支給することを決めた。これは省エネ家電の購入を促進するために，基準をクリアする省エネタイプのエアコンや薄型テレビ，冷蔵庫，温水器などの購入に補助金を出す制度で，日本製品は省エネ特性にすぐれたものが多く，ヤマダ電機やラオックスにとっては売上げ拡大の追い風になりそうである。また，中国での競争が激化することで日本式の家電販売の浸透も加速する可能性があった。

---

[35] エキサイトニュース（2012年5月30日付）。
[36] 日経MJ（2012年7月4日付）。

しかしながら、ヤマダ電機は2013年4月、中国にある南京店を5月末で閉鎖すると発表した。12年3月に開店したばかりであったが、想定よりも売上高が低迷していたことに加えて、尖閣諸島問題に端を発する日本製品の不買運動も響いたとしている。さらに、2号店の天津店の閉鎖も決定したが、瀋陽店は営業を続けるという。閉鎖する南京店は大型店で、土地と建物は賃借しており、跡地は他社への転貸などを検討している。こうした厳しい状況のもと、13年度末までに5店に増やす計画を見直して、南京店以降の出店を当面凍結した。

海外事業は今後、12年12月に傘下に収めたベスト電器が店舗網をもつ、東南アジア市場の開拓に軸足を移す考えである。本書の第7章に掲げた「小売競争からみた家電量販店の東アジア進出の概念図」(図表7-7)をみると、中国進出に関するプル要因のうち、中国における安定的な民主政治の見極めに問題があったといえるだろう。しかしながら、現在のところ中国事業の撤退は視野に入っていないと思われる。これからの中国での事業展開は、唯一残る瀋陽店を現地化によって立て直しを図るとともに、同地域での「テックランド」タイプの中規模店の多店舗化を進めるなど出店戦略の見直しを行っている、と関係者は語っている。

第4節　ヤマダ電機海外戦略の発展可能性分析

小売業の国際化に関するマクロ的研究は、国際化を促す内的・外的要因、すなわちプル要因とプッシュ要因に関するものと、理論的枠組みを構築する試みに分けられる。前者に関しては、たとえば矢作[2007]の「欧米企業からみたアジア国際化のプッシュ・プル要因分析」が、後者に関しては、スタ

---

[37] 日本経済新聞(2013年4月23日付)。

ーンクエスト（B. Sternquist [1997]），ビダ（I. Vida）とフェアハースト（A. Fairhurst），アレキサンダー（N. Alexander）とマイヤーズ（H. Myers），エバンズ（J. Evans）とトレッドゴールド（A. Treadgold）とマボンド（T. Mavondo），スィーバース（L.Q. Siebers）などが提示した小売業の国際化モデルがある。これらに関する詳細な議論は，第7章で行う。

　これらのうちスィーバースは，統合モデルを構築して実証的検討を行ったが，研究成果の1つは，グローバル・リテイラーが中国での事業拡大を目論む場合は，中央政府と地方政府の2つの政府の指導に従わなければならないのは当然として，特に地方政府とは良好な関係を保つことが肝要であるという含意である。しかしながら，この枠組みは名称通り網羅的ではあるが，それだけ小売国際化のモデルとしてはコアな要因を不明確にしている。そこでわれわれはヤマダ電機の中国市場での成功可能性を，国内市場における持続的な競争優位，現地の既存企業に対する差別優位性，消費欲求に合わせた現地化，参入時期と焦点を4つに絞って分析を試みたが，このモデルの構成要素との関連をみると，国内市場における持続的な競争優位は「意思決定者の特徴」，現地の既存企業に対する差別優位性は「企業特性」，消費欲求に合わせた現地化は「標準化か現地適応」，参入時期は「外部環境」に対応すると考えられる。これらのポイントから，ヤマダ電機の海外戦略の発展可能性を分析しよう。

1.　国内市場における持続的な競争優位

　2012年は家電量販業界とヤマダ電機にとって大きな苦難の年だった。09～11年の家電エコポイント制度と11年7月の地上デジタル放送移行という2つの政策特需による先食いの反動で，12年のテレビ販売台数は600万台前後と，通常の年の6割程度まで激減した。家電小売市場は初めて2年連続で縮小，ヤマダ電機の業績も，10年3月期には2兆円を突破した売上高が13年3月期は1兆7,015億円，連結純利益が前の期比62％減の222億円に減少

した[38]。これは主力商品の薄型テレビの不振が主因であり，11年の地上デジタル放送移行に伴う特需を受けた反動減などが長引いている。

　長期的にも，大型ヒット商品の不在，少子高齢化，人口減少など家電量販店に逆風は吹き続ける。このなかで量販店最大手のヤマダ電機はネット通販の新サービスに加え，さらなる販路拡大を進め，家電販売を上向かせようとしている。12年12月，公正取引委員会の認可を受けて開いたベスト電器との提携会見で，山田昇ヤマダ電機会長（当時）は「私たちはシェアにこだわる。そうすることで他社より優位に立てる」と改めて強調した。実際，ベスト電器買収で国内の店舗数は約200店増え，「シェアは3ポイント程度上昇し，目標の3割に達する」と語っている。

　このようにヤマダ電機は向かい風の状況下でも，国内市場における持続的な競争優位を確立しているが，国際化関与資源はどうであろうか。ヤマダ電機を初め多くの日本の家電量販店は，これまで国内市場に主要な関心があり，唯一例外であるベスト電器を除いて国際化関与資源の蓄積が行われていない。ベスト電器はかつてヤオハンと提携して東アジア，東南アジアに進出し，その後単独で海外マーケティングに取り組んできている。今回ヤマダ電機はそのベスト電器を取り込むことにより，海外進出のノウハウをもつベスト電器とのシナジー効果を発揮し，海外戦略を優位に展開するだろう。

2. 現地の既存企業に対する差別優位性

　これまで中国の家電量販店は「場所貸し」ビジネスであると紹介したが，日本のチェーンストア経営とはだいぶ異なると考えられる。現地で家電量販店の売り場に行くとまず目につくのが，メーカーごとに区画分けされたブースである。ブースの場所や面積は，賃貸料や過去の実績などに基づいて決ま

---

[38] ヤマダ電機『平成25年3月期決算短信』。

っている。各ブースに常駐している販売員は全て各メーカーからの派遣店員で，原則として量販店の社員は販売を行わない。「デベロッパー」としてのマネジメント以外はメーカー任せで，自らは店舗を構えたり，人を採用・教育したり，在庫リスクを負担したりしないし，プロモーションや配送なども外部に依存している。

　これに対してヤマダ電機は，日本における場合と同じように，ブランド別ではなく製品別の売場づくりをし，派遣店員も一部だけで多くの販売員は社員であり，比較購買などに関して買い物客に種々のサービス提供を行っている。ヤマダ電機が中国人の日本留学生を多く採用したのは，人材の質的・量的な確保が最優先の事項と考えたからである。会社側は，日本と状況が異なるなか，チラシ広告によるプロモーションやポイント戦略も実行し，これらは徐々に浸透しつつあるとしているが，現在までのところ店舗数が非常に少ないこともあり，総じてヤマダ電機の特長が理解されず，消費者へのブランド浸透がみられなかったことが大きな障害となった。

　ここで，日本と同じような業態で進出した欧米の最大手家電量販店が中国でかなり苦戦していることに着目する必要がある。欧州最大の家電量販店メディア・マルクトは，進出からわずか2年余で中国の小売事業から撤退することになった。メトロは，ヤマダ電機の1号店と同じ2010年12月，上海・淮海路の伊勢丹1号店跡地に「万得城」をオープン，売場面積が9,500㎡と，同社にとっては世界で2番目の広さだった。出資比率はメトロが75％，ＥＭＳ世界最大手の台湾メーカー・鴻海が25％の合弁で，上海に7店舗の展開を行った。撤退表明の背景には，「家電下郷」が終わり，中国市場全体の家電品売上高の停滞，社員による販売サービスの向上が招来した人件費の増加，家電量販店相互の競争の激化，および外資系に対する「差別的扱い」などがあった。また制度上，配送やアフターサービスなどを海外独資企業に

---

39 関根［2010］12頁。

は提供できない仕組みもネックになったと考えられる。

　また，米家電専門店チェーンのベスト・バイも，11年，中国事業を縮小している。政治情勢と相俟って，海外資本にはサービス提供が制限されるなかで，果たして今後のヤマダ電機は中国における事業展開をさらに縮小し，東南アジアに資源移動をするのであろうか。

3．消費欲求に合わせた現地化

　グローバル小売企業は，ロジスティクスやサプライチェーンについては自国のベストプラクティスを移転してきたが，これらとは対照的に，店づくりには現地適応戦略が重要となる。中国は先進国とは異なる固有の消費文化をもっているが，広大な国土と多民族から構成されているので地域によっても顧客のテイストはかなり異なり，高度なレベルでの現地適応が求められる[40]。たとえば電気洗濯機に対する好みは日中では異なるし，中国でも地域により特徴があり，立地に応じたマーチャンダイジングが求められる。

　現地適応のケースとして，中国家電メーカーが消費欲求に合わせた電気洗濯機の製品開発をいくつか紹介しよう。中国では，居住面積が小さく洗濯機をおくスペースがとれない，水回りが悪い，洗濯量があまり多くないなどの理由で，容量の大きい洗濯機に不満をもつ消費者が多かった。そこでハイアールが1998年に商品化したのが，超小型洗濯機「小小神童」（当初1.5キロ）である[41]。「小小神童」は発売から2年間で100万台も売れたという。またハイアールは，1998年に発売した「芋洗い兼用洗濯機」（芋だけでなく果物や魚介類も洗える）をヒットさせた。四川省の芋生産農家は，冬期に洗濯機で芋を洗うのはふつうのことであったが，そもそも洗濯機は衣料品のために設

---

[40] Tacconelli and Neil [2009] p. 68.
[41] 孫［2003］133-134頁。

計されていたので芋を洗うとすぐに故障した。ある日1人の農民から，ハイアールブランドの洗濯機の配水ホースがよく詰まるという苦情がきたが，逆にこれをヒントに芋洗い兼用洗濯機を開発し発売したところ，それまで洗濯機があまり売れなかった四川省での大ヒットにつながったのである。[42]

一方，無錫小天鵝（2008年から広東美的電器の傘下）は，世界約100カ国に輸出を行う中国最大の洗濯機メーカーであり，「小天鵝」（リトルスワン）ブランドで販売され，洗濯機の国内シェアで10年以上連続トップを誇っている。1978年に全自動洗濯機の生産に取り組んで以来，「技術の壁」や「経営の壁」に苦しみながらも現在の地位を築いた要因は，国内でみるとハイエンドな全自動洗濯機に経営資源を集中させたことにある。たとえば，1993年にはコンピュータ制御の全自動洗濯機，2000年には国内初のインバータ洗濯機，04年には「水魔方」洗濯機を導入してヒットさせた。[43]

ヤマダ電機も，日本の家電量販店としての差別優位性を発揮しながら，換言すれば基本コンセプトを踏まえて，日系家電メーカーが不得手な現地向け商品開発にまで踏み込んで品揃えを充実し，いかに顧客支持を獲得して「ヤマダブランド」を確立するかが大きな課題となる。

4. 参入時期

小売業の参入時期に関する研究は進んでいない。コースジェンス（Corstjens）ら［2012］は「最適な時期の市場参入を決定する重要なポイントは業態である。…カルフールがいくつかの先進国で失敗したのは，ハイパーマーケットのコンセプトが理解される前に進出したからであり，食品スーパーチェーンのクローガーやターゲットは，逡巡しているうちに現地に近代的

---

42 王［2002］87-89頁。
43 青島ほか［2008］。「水魔方」とは洗濯槽側面のさまざまな角度から水をスプレーすることにより，衣類の絡まりを防止し，均一な洗濯と節水を実現する小天鵝独自の技術。

食品スーパーが成長して海外進出の時機を失してしまった。また，現金持ち帰り性卸売商（Ｃ＆Ｃ）が早期に進出し成功したのは，パパママストアに対する卸売り機能を果たすことができたからであり，ハードディスカウンターはプライベートブランド商品が信頼をえる前に参入したら困難に直面していたであろう」と述べている。[44]海外参入するのに重要なポイントは時期と業態ということである。2010年，急拡大する中国家電市場に参入したヤマダ電機であるが，社員による販売サービスを充実させ，ブランドの比較購買を可能にさせる業態コンセプトが，果たして現地の消費者に支持されるであろうか。もちろん，小売業の海外進出を促進するプッシュ要因とプル要因も参入時期に密接な関連があるが，これらを含めて参入時期の問題は別稿に委ねることにする。[45]

5．今後の課題

　本章の１つの研究目的は，現在進行中の家電量販店再編成の経緯を明らかにし，今後の方向性を検討することであったが，現在再編成は第二段階の真っ最中であり，今後さらに小売市場の寡占化が高進することが予想される。ヤマダ電機は国内の家電品市場の成熟化をみすえて，海外進出のノウハウをもつベスト電器を買収し，それによって今後の海外進出に弾みをつけると考えられる。

　２つめは，ヤマダ電機の中国進出のプロセスを現地調査も交えてとりあげ，中国市場での成功可能性を，国内市場における持続的な競争優位，現地の既存企業に対する差別優位性，消費欲求に合わせた現地化，参入時期の観点から分析した。まず，国内における持続的優位にはあまり問題はなかっ

---

[44] Corstjens and Lal [2012] p. 111.
[45] 関根 [2010]．

た。

　しかし，洗練された店づくりや高い店内サービスなどでは差別優位性をもつが，中国方式に慣れた消費者に日本的業態の良さが理解されていない。そしてドミナント出店ではなく単独出店戦略を採ったことが災いしてヤマダブランドの浸透がみられないこと，サービス水準が高いだけに競合店に比して価格訴求の点でやや劣ること，が大きな壁になっている。また，サービス・商品戦略などは日本と同じ形で展開していて，消費欲求に合わせた現地化はこれからであり，参入時期の問題は政治的関係も含めて今後の研究課題となることなどが結果としてえられた。

　最後に，家電量販店のリーダー企業であるヤマダ電機の成長戦略に触れておこう。ヤマダ電機の成長戦略は，アンゾフのモデルを用いると図表 2-8 に示される。それは新しい事業領域の展開と市場の拡大による「マルティフォーマット戦略」によって特徴付けられるであろう。ヤマダ電機のフォーマット戦略の特徴は，店舗立地や進出国により業態コンセプトを開発することにあるので，マルティフォーマット戦略のポートフォリオ分析が興味深い研究テーマとなる。

図表 2-8　アンゾフ・モデルによるヤマダ電機の成長戦略

業態／事業 ＼ 市場	郊外	駅前	地方	中国	東南アジア	インド
小型店	①市場浸透			③市場拡大		
中型店						
大型店						
ＦＣ						
ネットショッピング	②事業拡大			④多角化		
住宅事業						

（注）Ansoff [1957] p. 141，表 1 を参考に作成。

第3章

中国家電品流通と小売市場の変化

　中国家電品流通は，近年，大きく変化している。特に小売市場における競争が激化しているが，本章ではその状況を，小売市場の競争構造を特徴付けている異業態間競争，市場の垂直的関係，立地の3つの要素から考察する[1]。第1に，中国では異業態間競争が激化している。中国の家電品流通では，蘇寧雲商と国美電器の大手家電量販店の成長ばかりが目立つが，全国シェアでみると両社併せてまだ3割にも満たない。都市の規模や地域によっては百貨店が主要な家電品の販路になっていたり，地方家電量販店がかなり成長したりしている。一方で，カルフールやウォルマートなど外資系を含む内外の総合超市（日本の総合スーパーに相当，総合量販店）が家電品販売に相当の力を注いでいたり，大手家電メーカーは系列の専売店（日本の系列店とほぼ同じ）が新たな展開を試みたりしている。また，ネットショッピングもテイクオフしている。家電品の小売流通に関する限り，異業態間競争は活発化の傾向にあるとみられる。

　第2に，中国では日本や韓国と比べるとメーカーによるマーケティング・

---
[1] 関根［2000］，［2010］。

チャネルの系列化の形成が遅れた。その理由としては，社会主義計画経済時代に中間流通機能を担っていた国有卸の多くが新たな産業の勃興に対応することができなかったこと，生産段階のメーカー数が多く，非常に競争的な市場構造であったこと，家電メーカーは単品生産か狭い製品ラインのケースが殆んどで，水平的多角化が遅れたことなどが指摘される。

　この20年間を振り返ると，家電メーカーによる系列化や家電販売店のチェーン化が同時並行的に進行しており，しかしその展開は，地域によってかなり異なっている。現在の状況を俯瞰すると，都市市場は家電量販店が，地方市場は家電メーカーがリーダーシップを発揮していると言われているが，中国市場の大きさや複雑さを考えると，その傾向はそれほど顕著とはいえないかもしれない。たとえば大都市の小売市場では，百貨店や総合超市が家電品販売でかなりのシェアを占めているケースがあるし，後述するように，地方では地域に根付いた家電量販店が登場し，メーカーの専売店チャネルに大きな影響を及ぼしているところもある。一方，家電量販店に家電品流通の主導権を奪われつつある家電メーカーは，近年，大都市を中心にサービス機能を内部化することによって新たな専売店網の構築に乗り出し，巻き返しを図っている。

　第3に，小売業にとって最も重要な財産である立地についてであるが，中国も日本と同じように，都市計画が不十分で立地選択の自由度は高く，市街地，街はずれ，新たに開発された郊外などいずれの地域でも家電店は増加しており，地域間・集積間競争が高進している。国美電器の例でみると，出店地域は人口が150万人以上の1級都市と2級都市が殆んどであるが，立地特性によって，旗艦店，標準店，専門店と店舗規模を使い分けているし，かつては路面店が多かったが，最近はショッピングセンターのテナント出店も増えている。

　また，近年小売市場で急速に普及しつつあるネットショッピングは，従来の立地に根付いた市場概念を変容させ，マーケットスペース化（市場情報空間化）させている。中国も例外ではなく京東網上商城をはじめとするネット

企業が急成長，大手家電量販店もネットショッピングの事業展開を開始し，ネットショッピングはテイクオフした。家電品市場においてもマーケットプレイスからマーケットスペース化への変化が進み[2]，そこでは顧客に対して情報の広がり（リーチ）と情報密度（リッチ）を同時に高めることができるようになった。[3]

さらに，中国の家電市場もようやくグローバル化への道を歩み始めた。世界最大の家電量販店である米ベスト・バイは，2005年，江蘇五星電器を傘下にし，07年には上海の繁華街・徐家匯に自前店舗をオープンした。ベスト・バイは成功しなかったが，その後ヤマダ電機，独メトロ，ラオックスなどの中国市場への参入が続いている。しかしラオックスを除いて，政治的混乱や独占禁止法を含めた法的不整備などにより，外資系は総じて苦戦している。

ここでの狙いは，小売市場における競争を特徴付けている異業態間競争，商品流通の主導権，立地の3つの要素に，マーケットスペース化とグローバル化の視点を加えて，最近の中国家電品流通の変化，特に2000年代後半以降の中国家電品流通の具体的状況を多くの資料や現地調査を交えて明らかにすることにある。

小売競争の激化が大手家電メーカーの研究開発費を枯渇させ，生産技術の向上を阻害しているのではないか。また，日本とも韓国とも異なる展開を見せている家電品マーケティングと流通構造は，中国の消費者の経済的福利厚生に関してどのような影響を及ぼしているのであろうか。本章と次の章をあわせて，これらの問題意識も念頭において中国家電品流通をみてみよう。

---

2 マーケットスペースについては，Rayprt and Saviokla [1994] を参照。
3 今井 [2000]。

第1節　中国家電品流通における最近の動き

中国の小売業界では，家電量販店の優位が続いている。2010～12年の3年間でみると，年間売上高ランキングでトップ3のうち2社が家電量販店である。日本を含めて主要国では，ウォルマート，カルフール，テスコなどの総合量販店や，メトロやアイワイホールディングスのようなコングロマーチャント（複合小売業）が上位を占めるのがふつうであり，中国の状況は稀少といえる。その背景としては，それだけ家電品市場の成長が激しかったことや，家電製品が新しい商品でかつ民営の経営形態だったので省を跨いだチェーン展開が容易であったこと，そして中国家電量販店独特の業態コンセプトがあると考えられる。

2009年，10年と2年連続首位だった蘇寧雲商集団（旧蘇寧電器集団）は，11年は前年を400億元以上下回る1,100億元で，国美電器と並び2位になった。それは10年までは親会社の蘇寧雲商集団が調査対象となっていたのが，上場子会社の蘇寧雲商のみの数字になったことが影響した。しかし12年のランキングでは，蘇寧雲商が2年ぶりに首位に返り咲いた。[4]

図表3-1　中国小売業の売上高・店舗数の推移

(単位：億元)

	2010年 売上高 店舗数	2011年 売上高 店舗数	2012年 売上高 店舗数
1	蘇寧雲商集団　1,562　1,342	百聯集団　1,182　5,604	蘇寧雲商　1,240　1,705
2	国美電器　1,548　1,346	蘇寧雲商　1,100　1,724	百聯集団　1,221　5,147
3	百聯集団　1,089　5,809	国美電器　1,100　1,734	国美電器　1,175　1,685
4	大連大商　882　170	華潤万家　827　3,977	華潤万家　941　4,423
5	華潤万家　8,816　3,155	康成投資　616　185	康成投資　725　219

（出所）中国連鎖経営協会ＨＰから作成。康成投資は「大潤発」のこと。

[4] 日経ＭＪ（2012年5月11日付）。

家電量販店大手2社は，頭打ちの市場環境を見据え，これまで拡大一辺倒だった戦略を修正している。蘇寧雲商の前年比店舗数は1.1％減，国美電器も3％とそれぞれ減少した。蘇寧雲商は内陸部など中小都市を中心に100店舗を開く一方で，不採算店を整理している。一方の国美電器も苦戦していて，香港証券取引所上場分の12年12月期決算は，最終損益が6億元（約90億円）の赤字（前の期は18億の黒字）となった。これは04年への上場以来初の赤字で，個人消費の伸び悩みによる家電市場の不振と，インターネット通販の拡大が打撃となったとみられる。売上高は20％減の479億元で，3期ぶりの減収となった。なお10年初め，蘇寧雲商は香港第3位の家電専門店チェーン「鐳射電器」（年間売上高が約13億香港ドル，店舗数22店舗）を買収し，香港に本格的に進出している。

「2009～10年中国小売企業経営状況分析レポート」によると，蘇寧雲商は「中国チェーン店トップ100」の第1位で，中国の最大小売企業になった（中国連鎖経営協会［2011］）。前年度トップだった国美電器が09年に300余店を閉店したのに対して，蘇寧雲商は出店速度を速め，同期に新たに100店舗をオープンさせたのである。しかし，この時期の中国家電全体の売上高は11,760億元で，大手3社の蘇寧雲商，国美電器，江蘇五星電器の売上高が合わせて3,000億元に過ぎなかったのに対し，残り7,000億元から8,000億元を，百貨店，総合超市，地域量販店，一般電器店（専売店を含む）が分けあっている。特筆すべきは，地域量販店と一般電器店は地域性や「家電下郷」政策などの利点を利用して，3・4級の家電市場に適した商業モデルを構築し，大手家電量販店からシェアを奪っていることである。また，家電市場に

---

5 日経MJ（2013年4月26日付）。
6 日本経済新聞夕刊（2013年3月26日付）。
7 中国財務部，商務部，工業情報部による農村で家電品を普及させる政策。農村戸籍をもつ住民は指定された範囲内の家電品を購入すると，購入価格の13％補助金を受けることができる。2009年から全国で展開され，実施時期は暫定的に4年間である（程［2009］）。

おいても，電子商取引を用いてネット販売業務を営む企業が急速に成長するようになっている。

中国では2011年から「第12次5カ年計画」（十二・五）[8]が始まったが，中国国家統計局によれば，ＧＤＰの伸びは都市部ではなく3・4級市場での大きな発展が期待され，家電市場においてもシェアは，1・2級市場の32％に対し，3・4級市場は68％を占め，主要家電品の普及率とＧＤＰの伸びを考慮すると，今後も大都市部ではなく地方市場での急速な需要拡大が予測される。

なお，ベスト・バイが買収した江蘇五星電器は，家電量販店として蘇寧雲商と国美電器に次いで第3位の位置にあるが，業績不振で経営が揺らいでおり，その動向が注目されている。ちなみに江蘇五星電器は，2012年の小売ランキング18位（前年は14位），売上高242億元（前年比12.0％減），店舗数252店（27店減）である[9]。また，ヤマダ電機とメトロも苦戦を強いられ，メトロはわずか2年余で中国市場からの撤退を表明した。

1. 地域家電量販店チェーンとB to Cの発展[10]

中国商業部によると，2009年において中国家電品全体の売上高に対する大手3社を合わせたシェアは4分の1に過ぎず，残りは一般電器店と専売店，それに最近成長している地域家電チェーンなどが市場を分けあっている。同時に，商業部・家電下郷管理中心が発表したデータでは，09年，「家電下郷」で登録された販売額が692億元だが，3・4級市場で600余の店舗をもつ蘇寧雲商と国美電器はまだ5％のシェアしか占めていない。09年2月

---

8 第12次5カ年計画（2011-2015年）のなかで，消費需要拡大を戦略的重点項目の1つにあげている。
9 中国連鎖経営協会ＨＰ。
10 ここの論述は，主に次の資料による。中国連鎖経営協会［2011］。

から「家電下郷」政策と「以旧換新」政策（都市部の消費者に対して買い換え時に補助金を出す政策）が実施され，1・2級市場で圧倒的な強みをもつ蘇寧雲商と国美電器は3・4級市場にも積極的に出店したが，地域家電流通企業に対して優位な地位を築くことはできなかった。たとえば江蘇省，揚州市を中心とする地域チェーンの「滙銀家電」は，3・4級都市の立地に適した事業展開，すなわち直営店と加盟店とを組み合わせて，ブランド代行，サービス提供，ターゲット販売，ネット販売を行うなどして，当該市場のトップに立っている。

家電品のネット販売では，「京東網上商城」がトップを走り続けている。2004年の正式開業以来，この京東網上商城は毎年200％以上のスピードで成長し，6年間の売上高は，1,000万元，3,000万元，8,000万元，3.6億元，13.2億元，約40億元であった。その後も取り扱い商品と規模を急拡大させ，12年には売上高が600億元を突破している[11]。09年には会員が600万人を超え，家電品のネット販売ではマーケットシェアが47％で，中国最大のB to Cの家電モールになっている。会員数も急増，11年には2,500万人，12年には，6,000万人を超え[12]，総合モールに成長し強固な地位を築いている。

ここではまず，中国連鎖店協会のレポートで注目されている「滙銀家電」と「京東網上商城」，そして家電量販店3位の「江蘇五星電器」をめぐる最近の変化をみてみよう。

2. 滙銀家電[13]

滙銀家電（子会社含む）は中国の家庭用電器および電子用品の小売チェーンであるが，一部代理販売（卸売り）も行っている。本社は江蘇省揚州にあ

---

[11] 財新網（Caixin.com）による。
[12] 滙銀家電ＨＰ（2013年5月）。
[13] ここの論述は主に滙銀家電［年次報告書］による。

図表 3-2　滙銀家電の沿革

西暦年	主な出来事
1993	◇江蘇省揚州で家電品の小売を開始。
2002	◇揚州滙銀設立。
2003	◇揚州で直営の1号店を閉店。◇直営店のアフターサービス開始。◇フランチャイズ1号店を開店。◇フランチャイズ店の・アフターサービスを運営開始。
2006	◇江蘇省以外の地域に初進出し，安徽省天長市に直営店オープン。
2007	◇常洲可意を買収。◇揚州で約13,746㎡の物流センターを設立。
2009	◇「家電下郷計画」と「以旧換新計画」のライセンス店に指定された。
2010	◇香港証券取引所に上場。
2011	◇滙銀電子取引サイト―品易網（www.pinyi108.com）の運営開始。
2013	◇創業15周年。

（出所）滙銀家電HPから作成。

り，1993年に設立された。滙銀家電は区，市，省，商務部など政府部門からも地方市場における家電品流通の担い手として認められ，地方市場で一定の評価をえている。2010年，滙銀家電が香港で上場してからは，投資者からも支持されるようになり，中国の3・4級市場のリーダー的存在になった。10年には売上高を18億元と前年比で43％増加させたが，12年は「家電下郷」と「以旧換新政策」の終了により業績を悪化させている。

3. 地域チェーンのビジネスチャンス

　中央政府の「十二・五」計画の実施に伴って，消費拡大が政策方針の1つとして策定され，GDPにも影響を及ぼしている。中国では都市化が進むとともに，3・4級市場の発展が促された。1・2級の家電市場はほとんど飽和状態にあるが，3・4級市場ではこれから生活水準の上昇を望むことができ，巨大な潜在消費力をもっている。

　こうしたなかで滙銀家電は，中国の3・4級市場のリーダーとして，市場に合わせたマーケティング戦略を採用，奏功している。中国統計局による

図表 3-3　滙銀家電の事業別売上高

(単位：億元と％)

	2009 年		2010 年		2011 年		2012 年	
小売売上	440	35	769	43	1,080	38	826	34
卸売売上	798	64	1,000	56	1,735	61	1,619	66
加盟店から	373	30	448	25	692	24	539	22
他から	425	34	552	31	1,043	37	1,080	44
アフターサービス	9	1	14	1	20	1	12	1
総計	1,248	100	1,784	100	2,835	100	2,458	100

(出所) 滙銀家電「年次報告書」各年，から作成。

　と，2010年，江蘇省のＧＤＰは4.1兆億元，前年比20％増で，安徽省は1.2兆億元，前年比22％プラス，さらに両省のＧＤＰ成長率は中国全体の17％より高く，10年，江蘇省の郷鎮における1人当たり消費支出も10,733元，前年比10％プラス，安徽省は8,697元，同年比13％プラスになっている。滙銀家電は，江蘇省および周辺の3・4級市場をターゲットにした「家電下郷」と「以旧換新政策」における家電品販売のライセンス取得を梃子に，大きく業績を伸ばした。ちなみに江蘇省商務庁によると，江蘇省の「家電下郷」による年間販売額は117億元，「以旧換新」による販売額は250億元である。10年，滙銀家電は「家電下郷」と「以旧換新政策」から9.4％と26.1％の利益率を獲得し，前年比それぞれ3.4％と17.7％上昇させた。

4．滙銀家電のマーケティング戦略

　滙銀家電は中国の3・4級市場に特有な市場環境に合わせるため，直営店と加盟店（特許経営店）[14]を展開し，卸売り，アフターサービスなどの事業を

---

[14] 加盟店（特許経営店）はフランチャイズ店と同じ。

行い，それぞれの立地にあわせたマーケティング・ミックス戦略をとっている。直営店は企業認知度の向上と企業の市場展開の役割を担い，卸売りによって企業の売上を増加させ，加盟店と直営店に安定的に商品提供を遂行しているのである。直営店は自己の販売チャネルであり，企業イメージを維持し，企業文化を伝承する役割を担う。なかでも都市中心地にある直営店は，家電を販売するだけではなく，郷と鎮の情報窓口，物流拠点として機能し，営業担当者の育成も行っている。また，アフターサービスは顧客のロイヤリティをアップしながら，企業の利益向上に貢献している。

　滙銀家電はこうした戦略によって，都市と農村を互いに補完して発展することを実現させている。そしてそれぞれの郷鎮で1～2の加盟店を組織するのが，次のフランチャイジングである。加盟店では地元住民にあった商売方法で販売することによって，市場情報の収集やチャネルコントロールを行っている。2011年11月時点で，滙銀家電の郷鎮加盟店は約300店舗あり，同一の製品，価格，サービスを提供するビジネスモデルで，有名なブランド家電品を販売している。加盟店は滙銀家電の企業認知度の上昇によって，販売，納品，アフターサービス，人事などがスムーズになり，業者から受け取るリベートが増え，それと同時に滙銀家電自体も加盟店の増加によって，新しい販売ルートを効率的に拡大させている。中国家電市場は，3・4級市場がまだまだ発展の余地が大きく，卸売り事業も有望である。滙銀家電は卸売りで利益をえて，より広い効率的なサプライチェーンを構築しながらメーカーに便利な販路を提供できるので，メーカーとの関係性も強まっている。成熟したブランドに対して，滙銀家電が特定地域をターゲットとする子会社を設立し，そこでサプライヤー（メーカーの販売会社など）と提携して代理販売を引きうける。これにより，滙銀家電は直営店や加盟店をサポートすることができるし，マーケティング・チャネルを多様化させることで，売上拡大に結びつけているのである。

　また，滙銀家電はアフターサービス事業を非常に重視している。ライバル他社がＡＶ製品に注力する傾向が強いのに対し，同社はエアコン販売を中心

においている。エアコンは，取り付け時の工事や故障時のメンテナンスが必要不可欠で，そこで2～3の郷鎮ごとにアフターサービス拠点を設け，サービス，技術，品質を共通化，都会や農村地域に関わらず，便利な修理サービスを提供している。アフターサービス・ネットワークの整備は，顧客に便利さと信用を提供すると同時に，ブランド・エクイティを上昇させた。3・4級市場で滙銀家電がより高い認知度やロイヤリティを得ることができた要因の1つはここにある。

なお，滙銀家電の資料によると，エアコンの粗利益率は18%に達し，テレビの13%，冷蔵庫の10%，洗濯機の10%を大きく上回る。農村部でエアコン普及率がわずか10%弱にとどまり，今後需要の急増が見込まれることも有利に働くと考えられる。さらに，効率的な物流と在庫管理を行うとともに，情報管理システムの確立にも務めている。滙銀家電は中心都市の周辺部にある人口密度の高い，生活インフラが比較的整っている鎮や郷に出店しているが，15kmごとに1つずつの物流センターをおき，情報武装化によって統一的にコントロールしている。商品運送は，企業直営の運送部門とアウトソーシングの2つのパターンがあり，臨機応変に対応，コストを節約し，効率もアップさせている。2010年末までに，企業の物流センターが18ヵ所，総面積は3,600㎡余に達した。従業員数も841人（2009年）から1,624人

図表3-4　滙銀家電の商品別売上高

(単位：100万元)

	2009年		2010年		2011年		2012年	
エアコン	839	68%	1,101	62%	1,562	56%	1,462	60%
テレビ	196	16	325	18	622	22	549	23
冷蔵庫	88	7	143	8	215	8	174	7
洗濯機	47	4	91	5	164	6	113	5
その他	69	6	110	6	252	9	146	6
総　計	1,239	100%	1,770	100%	2,815	100%	2,445	100%

(出所)「滙銀 財務報告年報」各年から作成。

(2010年) と1年間で約2倍に増えている。

　企業が急成長する場合，いかにすぐれた人材を集め育成していくのかが大きな課題となるが，滙銀家電は人的管理として，従業員全体に商品知識，マーケティング・マネジメントなどの研修を行っている。10年6月に設立された「企業大学」滙銀商学院は，年間108回授業を行い，8,000人余が受講している。

5.「家電下郷」政策の終焉と業績悪化

　2012年，滙銀家電は創業以降初めての減収，そして赤字転落という厳しい事態に直面した。世界経済の成長は緩慢になり，人民元を含めて平価は安定性を欠くようになっている。ある意味で順調に発展してきた中国の実質経済成長率は，07年は前年比14.2％増であったが，翌08年に1ケタの伸びとなり，12年が7.8増，そして13年予測は8.0％増と1ケタが常態化するようになり，もはや高度成長は望めなくなっている。[15] 中国政府は，経済成長のエンジンを外需から内需への転換を図っているが，家電品を含めて内需は思うほど拡大していない。内需拡大策のなかで何よりも家電業界，特に3・4級市場において大きな影響を及ぼしたのは，農村に家電品を普及させるための支援措置である「家電下郷」政策であったが，これらの終了などによって，滙銀家電は227万元の赤字と業績を悪化させた。家電業界を含めて中国企業は，賃金の上昇や不動産の規制強化などで高コスト構造に陥っており，いかに効率化を図るかが課題となっている。

　その一方で政府は，2009年から省エネ性能に優れた家電品や省エネ・エコカー等を対象に，通常商品との価格差の一定割合を政府が補助する「節能産品恵民工程」政策を実施した。[16] 狙いは家電産業の構造調整を進捗させるこ

---

[15] ＩＭＦ（2013年4月版）World Economic Outlook Databases.
[16]「節能産品恵民工程」政策は，2013年5月で終了した。

とにあるが，企業は高機能化による家電製品モデルチェンジに力を注ぐようになっている。曹寛平滙銀家電主席は「こうした制度を背景に，環境親和的なマーケティング戦略を行えば，停滞する消費市場の影響も軽減することができるであろう」と述べている。[17]

第2節　京東網上商城の成長と苦戦する江蘇五星電器

　中国におけるネット通販の最大手タオバオ（淘宝）の柱はC to C（個人対個人）取引で，ネット上での売買仲介で成長した。一方，京東網上商城はB to C（企業対個人）で中国最大の規模を誇る。主に取り扱うのは，家電やパソコン，携帯電話などである。中国では「3C（コンピューター，コミュニケーション，コンシューマー）」と呼ばれる製品である。

1．京東網上商城[18]

　京東網上商城（360 buy 京東モール）の創業者の劉強東ＣＥＯ（最高経営責任者）は大学卒業後，外資系企業勤務を経て1998年にＤＶＤプレーヤーなどの販売会社を設立，毎年のように売上高を2-3倍に増やし，2009年には40億元（約540億円），10年には100億元（約1,350億円）を達成し，国内B to C市場ではシェアの33％を占めた。[19]

　その後2012年には，アメリカ，日本，韓国に進出し，現在は35カ国の消費者に対して，電化製品，ビデオゲーム，衣類，書籍，音楽や映画など，1,500種のカテゴリー，40万種類の商品を提供している。12年末でみると，

---
17 滙銀家電『財務報告2012年報』。
18 ここの論述は，主に『日経ビジネス』（2010年6月21号）による。
19 京東網上商城ＨＰ（2014年1月）。

「360 buy 京東モール」は中国最大のオンライン小売商であり，B to Cのシェアはおよそ23％，登録利用者数5,100万人，仕入れ先は8,000業者，1日平均訪問者数は1,000人に達した。

　京東網上商城は自ら商品を仕入れて販売し，基本的に正規品のみを扱うことで，「ホンモノが安心して買えるサイト」としての地位を築いてきた。家電量販店は場所貸しモデルのために大量仕入れによる仕入割引が少ないが，京東網上商城は在庫リスクを抱えることにより安く仕入れ，安く販売するので，価格は家電量販店より数％安いとされる。しかし最近は，競争企業も参入し，タオバオの家電販売や蘇寧雲商の通販サイトとの競合が激しくなり，価格優位性が保てなくなってきているので，サービスの充実によって他社との差別化を図っている。京東網上商城の強みは自社配送をもつことであり，最近では広い範囲の配送，返品や修理時の商品引き取りについて輸送費を無料化した。またスピードを売りにして，北京，上海など大都市12市においては，午前11時までに受注した商品は当日配送するようにした。2009年までに全国5カ所（華北，華東，河南，西南，華中）に物流センターと，それに準ずる物流施設を瀋陽，西安，杭州などに構築，配送拠点も各地に130カ所以上設けている[20]。

　さらに，物流インフラの拡充にも重点をおき，北京に敷地面積30万㎡というアジア最大の物流センターの建設計画を進めているのをはじめ，上海や四川省成都などにも大規模な物流センターを建設する予定である。その為に，2010年，米ヘッジファンドのタイガー・グローバル・マネジメントから，中国でのネット・ベンチャーとしては過去最大規模の1.5億ドル（約138億円）の資金調達に成功し，その大半の資金を物流網の拡充に充てた。アマゾンドットコムの成功が示すように，ネット通販でも「先発者優位の原則」が貫徹しており，顧客基盤と物流網を先に抑えた企業が主導権を握る好

---

[20] 京東網上商城ＨＰ（2012年）。

例になる可能性が高い。「中国版アマゾン」の座をめぐる先陣争いでは，現時点では京東網上商城が最も有利な地位にあるといえそうである。

2. 揺れるベスト・バイ：江蘇五星電器[21]

　現在，ベスト・バイ―江蘇五星電器は家電量販店として，売上高は国内第3位である。そのベスト・バイが中国で米国流店舗「ベスト・バイ」を閉鎖した。中国における2010年11月時点の店舗数は，ベスト・バイが9店，ファイブ・スターが159店あったが，このうちベスト・バイはすべて閉店した。併せて上海に設置していた販売本部も閉鎖，家電量販業務は子会社の江蘇五星電器に統合した。不振が続いていた「ベスト・バイ」ブランドでの小売り業務を事実上廃止し，上海の繁華街，徐家匯に立地する1号店をはじめ，蘇州，杭州，北京などの店舗もすべて閉鎖したのである。一部では「ベスト・バイ」としての事実上の中国市場撤退との見方も出ているが，同社は「あくまで店舗を閉鎖するだけで，江蘇五星電器や買い付けセンターは残す。撤退ではない」などとし，戦略上の調整であることを強調している。一方でファイブ・スターは，12年2月期までの1年間で40〜50店をオープン，店舗総数を200〜210店まで増やす計画を発表した。実際11年末には279店に増加したが，家電市場をめぐる逆風を受けて12年の売上高は前年比マイナス12％の242億元，店舗数は252店舗に減少している。[22]

　中国の家電市場は急拡大しているが，一部地域の家電小売市場の競争は激しく，消費者は家電を購入するときには価格が重要な尺度となっている。ベスト・バイ側では，中国の消費者にはベスト・バイよりファイブ・スターの方がなじみがあり，価格競争力も強いと判断したことが，ファイブ・スター

21　ここの論述は主に日経MJ（2011年3月25日付）と上海迅亜商務諮詢有限公司（エキスプレス上海）のネットサイト（2011年2月23日付）による。
22　中国連鎖経営協会調べ。

の存続,発展につながったと考えられる。ただ関係者の間には,江蘇五星電器が過去2年にわたって新店舗の開設を行っていないこと,また売上高の伸び悩みが続いていることなどから,江蘇五星電器の急速な事業拡張は疑問視されている。

　ベスト・バイは2006年,家電量販店で当時業界4位だった江蘇五星電器を買収し,子会社化した。07年からはベスト・バイでの店舗展開を開始し,地場系大手と異なる,家電メーカーの派遣要員を使わない販売方法と製品別の売場構成が注目を集める一方,店舗展開の遅さや高い価格設定などにより売上の伸び悩みが指摘されていた。関係者によると,大手の国美電器や蘇寧雲商に押される形で,09年の売上総額が計画を大きく下回る10億元（約126億円）程度にとどまるなど,不振が続いていたようである。こうしたベスト・バイの動きに対して,既に中国に進出し店舗拡大を計画中の独メトロ傘下のメディア・マルクトや国美電器などがM&Aに名乗りをあげたが,11年6月,国美電器がベスト・バイの一部店舗を買収,今日に至っている。

第3節　蘇寧雲商と国美電器の最近の動向

　蘇寧雲商と国美電器について最近までの動向は既に紹介済みであるので（関根[2009]）,ここでは両社の主に2000年代以降の変化についてみてみよ

図表3-5　中国二大家電チェーンの推移

(単位：億元)

	2001年		2005年		2010年		2011年		2012年	
	売上高	店舗数	売上高	店舗数	売上高	店舗数	売上高	店舗数	売上高	店舗数
蘇寧雲商	40	91	1,562	1,342	1,562	1,342	1,100	1,724	1,240	1,705
国美電器	62	94	1,549	1,346	1,548	1,346	1,100	1,737	1,175	1,685

(出所) 中国連鎖経営協会『中国連鎖経営年鑑』各年から作成。

う（図表3-5参照）。

1. 蘇寧雲商の動き[23]

　蘇寧雲商（江蘇省南京市，2013年2月に蘇寧電器から社名変更）が2009年に買収したラオックスは，南京市内に出す中国1号店「楽購仕生活広場銀河」（ラオックスライフ）を11年の大晦日に開業した。売場面積は1万2,000m²で，家電製品のほか，腕時計や日本の玩具などの売場を設けた。蘇寧雲商は，単に売場を賃貸する「メーカー任せ」の「売らない小売店」の営業方法から脱却して，ラオックス買収以降，日本流の自社で接客する店舗の展開を始めた。その後蘇寧雲商は，ラオックスが実施する90億円の第三者割当増資を全額引き受け，持ち株比率を6割強に引き上げ，子会社化している。「ラオックスの重要な役割の1つは，（テナントであるメーカーの専売店ではなく）蘇寧雲商が自ら販売する力を養うようにすることだ」と，同集団の上場子会社，蘇寧雲商の孫為民・副董事長は記者会見で子会社化の意義を強調した。中国の家電量販店は，テレビや冷蔵庫など製品別の売場をメーカーごとに分けてメーカー派遣の従業員に販売させる営業方法がほとんどである。家電量販店は売場の場所貸しの色が濃く，社員は店舗管理が主な業務で，商品を売るノウハウはもっていないので，そこで蘇寧雲商は日本流のノウハウの移転を狙ってラオックスを傘下におさめたのである。

　蘇寧雲商はラオックスの子会社化に先立って，2020年までの経営戦略を発表した。総店舗数を現在の1,500店弱から3,500店にまで増やし，店舗売上高は3,500億元（約4兆2,000億円）を目指している。そしてその実現に向けて日本流のノウハウを取り入れ「売らない小売店」からの脱皮を図る計画を発表した。中国でも売場に商品を置いておけば売れる時代は去りつつあ

---

[23] ここは主に次の資料による。日本経済新聞電子版（2011年12月17日付）。

るのである。ラオックスの子会社化を機に，今後5年間で「ラオックスライフ」を北京や上海など25都市150カ所に開く計画もあり，「自社の従業員ならば接客などでも他店と異なる特徴が出せる」(蘇寧雲商・蒋勇副総裁)とする一方で，日本の家電量販店のように家具や玩具，日用品なども扱い，一部売場では自社の従業員が直接，接客・販売する方法を導入している。ラオックスライフは，12年末で8店舗に増加した。しかし，最近の新聞報道によると，ラオックスの中国事業は景気減速で赤字が続いている。

　一方，インターネット通信販売事業も拡大している。2010年に立ちあげたネット通販「蘇寧易購」の売上高は，10年の約20億元から20年には3,000億元と店舗売上高に匹敵する第2の柱に育てる計画である。衣料品や化粧品などにも取扱商品の幅を広げ，主要都市では注文から半日で配達できるようにしている。ネット通販もサイトのデザインで集客が左右されるだけに店舗同様に自社の販売力が問われることになる。一方，国美電器もインターネット販売事業を強化するため，10年に家電販売のウェブサイト「庫巴網」を買収した。

　蘇寧雲商は1990年，張近東がエアコンの卸と兼ねて南京市に売場面積200㎡弱のエアコン店を開いたのが始まりである。中国チェーンストア経営協会調べでは蘇寧雲商の10年の売上高は1,562億元で，2年連続で中国小売業のトップ，11年は2位に順位を下げたが，12年には再び首位に返り咲い

図表3-6　蘇寧雲商の規模別・地位別店舗数の推移

西暦年	2008	2010	2012	西暦年	2008	2010	2012
合計	812	1,342	1,664	合計	812	1,342	1,664
①旗艦店	112	244	336	1級市場	406	538	565
②中心店	224	373	433	2級市場	268	388	472
③社区店	476	597	777	3級市場	139	310	507
④県鎮店	–	117	104	4級市場	–	106	120
⑤精品店	–	11	6				
⑥ラオックス	–	–	8				

(出所)『蘇寧雲商　年度報告』各年，から作成。①②③の平均売場面積は4,213㎡，④は1,249㎡，⑤は高級店のこと。

ている。

　蘇寧雲商は中国式モデルのなかではサービスの充実に努めてきている。販売そのものはメーカーに任せる一方で，情報システムや物流体制などを整備して後方支援を充実させ，サービス水準を上昇させてきた。中国政府による「家電下郷」や「以旧換新」という景気刺激策を背景に，整備された情報システムと物流体制が蘇寧雲商の成長を支えてきたのである。製品の配達までメーカー任せの店が多いなか，「メーカーの物流体制が整っていない農村部でも蘇寧雲商は自社で配達してくれるので手間がかからない」といわれている（大手メーカー）。さらに，物流の効率化に向けて，2014年までに8億～10億元を投じて南京など3カ所にＩＣＴ（情報通信技術）分野の開発拠点を構え，在庫の出し入れを自動化した大型物流拠点も20年までに10カ所設ける予定である。創業者で現在も董事長の張近東は，「自らマーチャンダイズを行い，販売サービスを提供する小売店へ変身して，20年までに世界の一流企業に肩を並べる」と述べている。それには設備の充実だけでなく，メーカー寄りに傾きがちな経営の視点を改め，消費者目線での売場づくりなどの変革に取り組む必要があり，その一環としてラオックスの買収が行われたわけである。

　創業以来好調を維持してきた蘇寧雲商のここ2・3年最近の動向を，「年度報告」から分析してみると，まず，中国家電市場が冷え込むなかで蘇寧雲商も増収減益に直面していることが指摘できる。中国の研究機関によると，2012年の家電小売市場は11,596億元と前年比で4.8％縮小した。このなかで蘇寧雲商は売上を伸ばしているが，12年の営業利益は前年比で50％以上減少しており，増収は新規開店によるモノで，既存店は苦戦していると推定される[24]。次に，12年の新規開店は158，うち旗艦店，中心店，社区店があわせて146，県鎮店が5，ラオックスが7であるのに対し，一方閉鎖が178店舗

---

[24]「蘇寧雲商　2012年度報告」による。

もあって総数は減少に転じている。特に目立つのは県鎮店が前年比30店舗も減少したことで、3・4級市場でのプレゼンスはさらに小さくなっており、地方市場の攻略が行き詰まっていることが窺える。さらに、日本式業態コンセプトのラオックスは1年間で、蘇寧雲商からの転換を含めて当初の予定を大幅に下回る7店舗をオープンさせただけで、売上高シェアは0.4%であり、まだ成否の判断を行うことはできないが、今までのところ苦戦が伝えられている。

2. 国美電器の動き

2008年まで中国小売業ランキングのトップであった国美電器は、ここ数年は創業者にまつわるスキャンダルに揺れ、地位を2位に後退させている。09年の国美電器の売上高は1,068億元で、1,170億元だった蘇寧雲商に抜かれた。08年まで3年連続で維持した小売業トップの座を明け渡したのである。その一方で、経営業績や店舗展開は比較的順調に推移している。

2008年、国美電器の創業者である黄光裕集団主席（会長）は経済事件の疑いで身柄を北京市公安当局に拘束された。09年1月に黄は辞任し（解任という報道もある）、後任に元永楽電器の陳暁が主席（会長）に就任した。10年5月、北京市高級人民法院（高裁）は黄光裕被告によるインサイダー取引事件の上訴審判決で、懲役14年、罰金6億元（約75億円）、財産没収2億元とした一審の実刑判決を支持、中国は二審制のため、黄被告の刑が確定した。判決によると、黄被告は企業グループの再編に絡んで株式のインサイダー取引を実行したほか、当局の捜査を察知し、政府関係者5人に計456万元相当の賄賂を提供するなどしたとされた[25]。

2009年9月、国美電器が香港で開催した臨時株主総会で、獄中の黄光裕

---

[25] 日本経済新聞（2009年1月20日付）、日本経済新聞（2010年5月18日付）。

による陳暁主席の解任提案が提出されたが，反対多数で否決された。黄は「陳会長が国美電器を外資に売り渡そうとしている」などと主張して，陳会長ら現経営陣と激しく対立していた。黄は贈賄罪などで服役中だが，妻と合わせて発行済み株式の3割強を保有する立場から，獄中に囚われの身でありながら，陳を解任して経営の主導権を握る狙いだったが，現経営陣を支持する機関投資家らが反対に回った。解任提案が否決されたことで，同社のお家騒動はひとまず沈静化するとみられたが，黄は国美電器の店舗1,100店のうち約380店を個人で所有しており，その後再度経営陣に揺さぶりをかけた。[26] その結果，11年3月，ついに陳暁は主席を辞任し，後任は元北京大中の創業者・張大中に決まった。国美電器の内部の主導権をめぐる黄光裕と陳暁との激しい闘いは，創業者の黄に軍配があがったといえる。

しかし，こうした「お家騒動」にも関わらず，経営上のブレは限定的であった。たとえば，2010年，国美電器は国内外の家電メーカーと相次いで大型販売契約を結んだ。ハイアールと3年で500億元（約6,500億円）の売上を目指す戦略提携をしたほか，シャープや韓国ＬＧ電子とも優先的に商品調達する契約を結んだ。政府による「家電下郷」などにより消費が好調な内陸部で，提携による品揃えの強化で売上増を図ったのである。ハイアールは毎年300点の独自商品を国美電器向けに製造し，また，国美電器の有力店舗100店を選んで，ハイアールの高級ブランドの体験コーナーを設置，内陸部や中小都市で両社の販売，サービス，物流のネットワークを連携させる計画を立てていた。こうした戦略提携が結ばれた背景には，中国は内陸部の中小都市が消費を牽引する傾向が鮮明であったこと，メーカーが自力で販売網を築くのは難しいことがあった。[27]

また国美電器は，米家電量販店ベスト・バイが保有していた上海市内の店

---

[26] 日本経済新聞（2010年9月29日付）。
[27] 日本経済新聞（2010年7月26日付）。

舗を取得した。引き継いだなかの1つ上海市の繁華街である徐家匯に立地する旗艦店は、2011年6月に新規オープンした。ベスト・バイは同年3月、上海や北京などに展開していた9店舗を閉鎖し、自社ブランド店の展開を断念していた。国美電器が取得した店舗は広さ1万㎡の大型店で、コンピューターや携帯電話などＩＣＴ関連製品の中核店に位置付けた。[28]

しかし、国美電器（香港）の発表によると、11年12月期、売上高は598億万元で前年比18％増加したが、純利益は前期比6％減の18億万元（約240億円）となった。増収減益の要因としては、業務用システムの刷新に伴う費用増が利益を圧迫したこと、政府の家電購入支援策の縮小、出店拡大による賃料と人件費の増加などが影響したとされている。11年末の店舗数は1,079店で前年末に比べ31％増えたが、1店舗当たりの売上高は3％増にとどまった。[29] さらに、12年はおよそ減収のうえ、04年香港市場上場以降初めて赤字に転落している。その要因として、張大中主席は「経済政策の引き締め、不動産部門の落ち込み、高度成長から安定成長への移行などが消費者マ

図表 3-7　国美電器（香港）の規模別地位別店舗数の推移

（2012年12月31日現在）

西暦年	合計 2008	合計 2010	合計 2012	国美電器 2008	国美電器 2010	国美電器 2012	チャイナパラダイス 2008	チャイナパラダイス 2010	チャイナパラダイス 2012
合計	859	826	1,049	657	678	842	178	128	161
①旗艦店	76	102	218	56	85	173	20	17	45
②標準店	739	700	391	590	590	336	149	110	55
③専門店	44	24	440	11	3	333	9	1	61
1級市場	537	522	662	380	404	502	137	100	119
2級市場	322	304	387	277	274	340	41	28	42

（注）『国美電器（香港）年次報告書』から作成。チャイナパラダイスは合併前からの永楽電器の店舗名、これら他に携帯ショップ・チェーンのセルスターがある。

---

[28] 日本経済新聞（2011年6月13日付）。
[29] 日本経済新聞（2012年3月27日付）。

インドに影響を及ぼし，2007年以来家電市場にマイナス成長をもたらした。これに対して，137店の閉鎖などの店舗配置見直しや販売員の人件費削減を進めたが黒字を確保できなかった」と述べている[30]。

その後の店舗数の推移は増加傾向にあり，蘇寧雲商と同じように，店舗は大規模化し，立地は1・2級市場に集中している。店舗数が増加しているにもかかわらず減収減益が連続したことは，国美電器が直面する厳しさを表している。

近年，マーケットスペースでの家電品販売競争が激化していて，2012年，中国の家電量販最大手の蘇寧雲商のネット通販サイト「蘇寧易購」は取扱商品を48％掛け（52％割引）で販売し，ネット通販専業の京東網上商城も家電を中心に商品を3～5割引で扱い，特典付きの販促も積極化した。そこで国美電器は，ネット通販の利用客に総額20万元のクーポン券が当たるキャンペーンを展開している[31]。さらに，インターネット通販大手の「当当網」と家電のネット通販事業で提携し，当当網のサイト内に新たに家電販売サイトを設け，国美電器傘下のネット通販「国美網上商城」が運営する仕組みを構築した。提携の背景には，家電のネット通販の販路拡大を目指す国美電器と，他の通販サイトに比べて劣っていた家電部門の強化でサイト全体の利用者増を狙う当当網の思惑が一致したことがあった[32]。しかし，12年までの国美電器の電子商取引事業は赤字であり，その対策としてリアルな店舗との間で情報，ロジスティクス，アフターサービス，仕入，顧客のデーターベースなどの統合を図り，13年度の黒字化をめざしている[33]。

---

[30] 『国美電器（香港）年次報告書』，日本経済新聞（2013年3月26日付）。
[31] 日本経済新聞（2011年12月26日付）。
[32] 日本経済新聞（2012年4月5日付）。
[33] 注29に同じ。

第4節　異業態間競争と再販売価格の拘束

　中国では，かつてテレビメーカーが100社以上存在したことからも理解できるように，生産段階での市場構造が非常に競争的なことを背景に，小売市場では家電専門店の成長が急速にみられた。ただし，家電量販店業態といっても日本のヤマダ電機やアメリカのベスト・バイと違って，中国家電量販店はテナント管理中心の「ショッピングセンター業態」であり，出店するのはメーカーの直営店や当該地域のメーカー代理店の店舗であり，量販店自身では一切販売を行わない。こうした特徴をもつ蘇寧雲商や国美電器が，大都市では大きなシェアを占めて優位な地位に立っている。しかし，いずれのチャネルもメーカーの統制力が浸透していて業態間での価格差があまりみられず，小売市場における価格スプレッドの小ささが，異業態間競争を活発化させているということが指摘できる。したがって百貨店，総合超市，メーカーの系列店である専売店でも充分に競争力を保てるのである。

　大手家電量販店における各メーカーのブースの場所や面積は，賃貸料や過去の実績などに基づいて決まり，上海にある蘇寧雲商の旗艦店の場合，エスカレーターの正面にある1等地の区画（15～25㎡）の賃貸料は年間65万元（約980万円），隣の区画でも45万元（約680万円）もする。各ブースに常駐している販売員はすべて各メーカーからの派遣で，原則として量販店の社員は販売を行わない。すなわち売場づくり，品揃え，価格設定などはすべてメーカー側が行っているのである。しかしこうした売場の販売員は自社商品中心の営業になるため，競合製品の比較情報の提供など，選択に迷っている顧客の欲求にソリューションを与えることはできない。ベスト・バイ，ヤマ

34　丸川［2007］8頁。
35　『日経ビジネス』（2008年7月7日号）。

ダ電機，メディア・マルクトそしてラオックスは，ここにビジネスチャンスを見出して中国進出を果たしたのだが，現在までのところ成功していない。

3・4級市場である地方市場では異業態間競争の様相がかなり異なる。大手家電店の進出は遅れており，百貨店や複数メーカーの商品を扱う家電店がまだかなりのシェアをもっていたり，地方に根付いた家電専門店の勃興がみられたりしている。また，次章でみるようにサービス機能を備えた新たな専売店の登場や，京東網上商城などの家電品のネットショッピングのテイクオフもあり，商圏特性が異なる広大な中国で異業態間競争は活発化している。

しかし，小売業ランキングなどで蘇寧雲商や国美電器の急速な発展ぶりをみれば，中国における家電品流通の主導権は家電量販店が掌握していると考えられる。特に1・2級都市では，チェーンストアの展開により圧倒的なシェアを占め，家電メーカーに対して優越的地位にあるし，売上金の管理などを通じてパワーを効果的に発揮している。しかしチェーンストア経営形態として規模の利益（scale merit）を発揮しているかというと必ずしもそうとはいえない。たとえば，「比較競争優位は同業者に対する，それも外部資源によるものであって，海外企業のような内部資源によるものとの差は大きい。国美電器や蘇寧雲商の成功の大きな要因は，企業家がチャンスをタイムリーに捕まえたことに過ぎず，持続的な競争優位は有してない。外部資源の獲得は容易であるが，内部資源の獲得には長期的努力が必要である。家電チェーン企業として，もっと健全な科学管理手段が必要である」という指摘もある。したがって，チェーン経営導入による最大の規模の利益であるＰＢ商品の開発はまだ先のことである。

そして，小売業にとって最も重要な財産は「いい立地」といわれるが，社会主義国の中国では土地そのものの所有と管理を政府が行っているので，「いい立地」の使用権を獲得するには政治力が必要になる。中国のある地方

---

36 何［2005］84頁。

都市では，2005年に「商業発展マスタープラン」を策定し，そのなかでゾーニングを行い，大型店の出店は「繁商区」と「次繁商区」に限定したが，「企画局」は遊休国有資産の売却などの都合から，これらの地区以外の用地を外資系大型店に売却している[37]。中国もゾーニング規制が緩慢であり，日本や韓国と同様に立地選択の自由度はかなり高く，伝統的商業集積の後退と，まちはずれや郊外の開発などによる新興地域の発展から生じる集積ヒエラルキーの変化や中心市街地の分散はよくみられる現象である。

また，本章で紹介した京東網上商城にみられるように，家電品市場においても，ネットショッピングはテイクオフし，マーケットプレイスからマーケットスペース化への変化が進み，小売業における最大の財産である立地の概念を変容させている。

最後に，小売競争の激化が大手家電メーカーの研究開発費を枯渇させ，生産技術の向上を阻害するという危惧についてはどうであろうか。生産段階の市場が競争的であればあるほど，価格は競争価格の近くで均衡する。それは小売市場において家電量販店の成長を促進し，一方，量販店はチェーンストア経営の特徴を活かし，有利な集中仕入によって価格引き下げ競争を激化させるからである。その結果家電メーカーは，生産者余剰（producer surplus）が減少するので研究開発費を枯渇し，生産技術の向上を阻害されるので，消費者の経済的福利厚生にマイナスの影響を及ぼすと考えられる。

しかしながら，中国大手の薄型テレビメーカーであるハイセンスやＴＣＬなどの生産技術は日韓メーカーをキャッチアップしつつあり，競争的価格を設定し，売上を伸ばしている。実際，2013年1～3月期の薄型テレビの販売台数シェアは，民間調査機関によれば，中国市場での上位3社はＴＣＬ，ハイセンス，スカイワースでそれぞれ15％以上，韓国のサムスン電子とＬＧ電子はおよそ5％と3％である。ＴＣＬの家電販売店で液晶テレビ担当者

---

[37] 関根［2007b］25頁。

は,「サムスンと品質差はありません」と自信に満ちた表情で売りこんでいる。ＴＣＬはサムスン電子と基幹部品の液晶パネルを相互に供給する体制になっており，画像の鮮明さなどで差は生まれにくいが，それでいて価格は40インチ型でサムスン製品よりも1,000元安い約4,000元である。ＴＣＬは東南アジアや中南米などの海外の新興市場でも，12年の出荷台数を，前年比70％増と大きく伸ばしている[38]。

中国では，生産者構造が競争的であるにもかかわらず，今のところ生産者余剰の減少はあまりみられていない。それはチェーンストア経営が未熟なことに加えて，再販売価格の拘束に対する独占禁止法の運用が日本などと比べて，はるかに手ぬるいことが主因と考えられる。

---

[38] 日本経済新聞（2013年7月23日付）

第4章

中国家電メーカーのマーケティング・チャネル戦略
―ハイアールとハイセンスを中心に―

　中国では家電量販店が急成長し，一括集中仕入によりバイイングパワーを発揮し，業績悪化に苦しむメーカーを増加させている。家電メーカーの業績悪化は本当に家電量販店の対抗力によるのか，それとも政府政策の転換などその他の要因によるのだろうか。

　上海では，2006年に既に，国美電器，蘇寧雲商，上海永楽（2006年，国美電器が買収）の3社で量販店業界のシェアは85％に達し，量販店が新規出店する際に要求する出店料などさまざまなリベートの負担も大きくなり，メーカーの利益は圧迫されていると報じられた[1]。そこで家電メーカー大手のなかには，自社チャネル網の構築や整備を急いだり，エアコンのトップメーカーである格力電器（広東省珠海市）のように家電量販店との取引を停止したりするところも現れている。

　本章では，売上拡大と価格維持のハザマで揺れ動く家電メーカーのマーケティング・チャネル戦略について検討したい。そのためにここでは現在，中国全土で事業展開をしている代表的な家電企業である，山東省青島市に本拠

---

[1] 日経MJ（2006年3月31日付）。

をおくハイアール（海爾集団）とハイセンス（海信集団），ＴＣＬ，四川長虹（Changhong），康佳（Konka）をケースとしてとりあげる。製品ラインが狭い中国の家電業界にあって，青島市の両社はともに成長の過程で積極的に多角化を進めてきた。ハイアールはグループ全体の売上高のうち，主力であった冷蔵庫事業の売上が占める比率が1992年から2001年にかけて100％から15％に，ハイセンスは中核であるテレビ事業の占める比率が95年から98年にかけて52％から29％に低下している[2]。それでも現在，両社は中国の主要な家電製品市場で高いシェアを占めている。2012年でみると，ハイアールは冷蔵庫，洗濯機，温水器で首位，うち冷蔵庫と洗濯機の生産台数は世界トップである。一方ハイセンスも，薄型テレビでは首位（2010年と11年），冷蔵庫，エアコンなどの商品でも上位に登場する[3]。

　両社ともに1992年を境に経営戦略や経営管理を大きく転換させ，多角化と広域化を志向する成長戦略により，それぞれ短期間で急成長し，中国の家電業界で揺るがぬ地位を築いている。またＴＣＬは，広東省恵州市を本拠地とする総合家電メーカーで，テレビ，電話機，エアコン，冷蔵庫，洗濯機などを製造している。ＴＣＬは81年に創業，その後急成長を遂げ，現在ハイアールに次ぐ大手家電メーカーといわれている。

　この数年でカラーテレビ市場は，ブラウン管テレビから液晶テレビへの買い換えが進み，薄型の大型テレビに人気が集中した。企業別薄型テレビ販売額シェアの上位5社は，ハイセンス，ＴＣＬ，スカイワース（創維），四川長虹，康佳と国内メーカーが占め，シャープ，サムスン電子，ソニーは合計で約2割に留まった[4]。ただし薄型テレビのトップスリーは，ハイセンス，ＴＣＬ，スカイワースの間で変動がみられる。

2　天野［2005］125頁。
3　亜州ＩＲ編［2012］，ハイアール　アジアインターナショナル・ハイセンスＨＰ（2013年10月）。
4　亜州ＩＲ編［2012］。

図表 4-1　中国薄型テレビ出荷台数シェアの推移

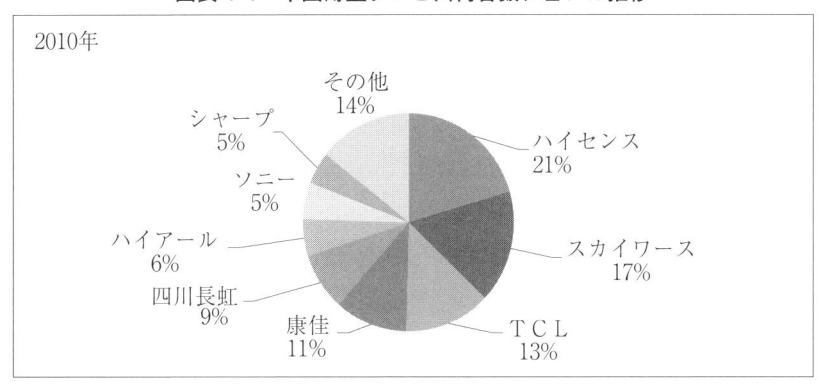

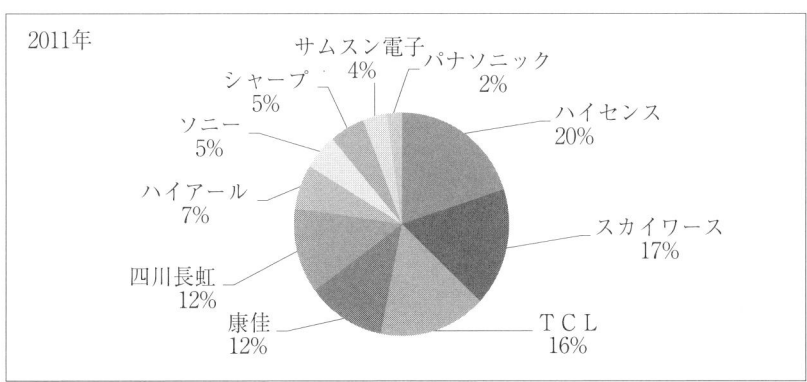

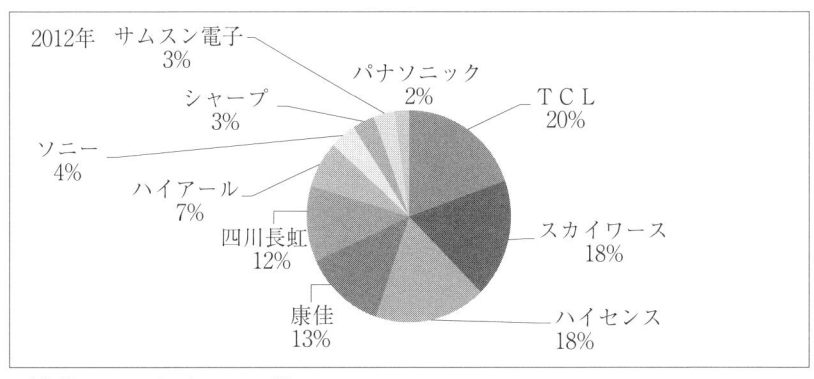

2010年
- ハイセンス 21%
- スカイワース 17%
- ＴＣＬ 13%
- 康佳 11%
- 四川長虹 9%
- ハイアール 6%
- ソニー 5%
- シャープ 5%
- その他 14%

2011年
- ハイセンス 20%
- スカイワース 17%
- ＴＣＬ 16%
- 康佳 12%
- 四川長虹 12%
- ハイアール 7%
- ソニー 5%
- シャープ 5%
- サムスン電子 4%
- パナソニック 2%

2012年
- ＴＣＬ 20%
- スカイワース 18%
- ハイセンス 18%
- 康佳 13%
- 四川長虹 12%
- ハイアール 7%
- ソニー 4%
- シャープ 3%
- サムスン電子 3%
- パナソニック 2%

（出所）ディスプレイリサーチ調べ。

中国家電メーカーは，共通して市場規模や製品ラインによりチャネルが異なる。すなわち，1・2級都市では主に蘇寧雲商や国美電器などの家電量販店と取引し，一部例外もあるが専売店（日本の系列店に相当）を展開していなかった。反対に3・4級都市では，専売店チャネルが中心に流通機能を担っている。また，同一メーカーの家電製品であっても，それぞれの市場におけるポジションによって，中間流通が異なることが多い。こうしたなか，ハイアールを中心に新たなる専売店網づくりが始まっている。

第1節　白物家電のハイアール

ハイアールは，中国最初の総合家電メーカーで，代表的な消費財メーカーの1つである。

1. ハイアール成長の系譜[5]

ハイアールは，青島市で設立された小型電動機などを製造する「青島電動機廠（工場）」に始まる。[6] 1979年，「青島市日用電器廠」と社名を変更し，「白鶴」ブランドで洗濯機の生産を開始した。しかし，不安定な品質，古いデザイン，低い生産効率などが原因で倒産寸前に陥った。そこで84年，直属上部機関の青島市家電公司は，張瑞敏を中心とする指導チームを送り込み，洗濯機生産を中止し，独メーカーと技術提携し冷蔵庫生産に切り替えるなど，大改革に乗りだした（1988年，青島冷蔵庫総廠に社名変更）。91年，青島市を代表する優良企業に成長した「青島冷蔵庫総廠」を核に，「青島冷

5　ここの論述は関根［2005］による。
6　ハイアールの歴史に関しては，主に王［2002］による。

凍庫総廠」と「青島空調機廠」の3社が合併し,「琴島海爾集団」が設立された。中国で家電品が急速に普及し始めるのは,80年代後半から90年代前半であるが,こうした中国における「消費革命」の進展とともに,ハイアールは成長の軌道に乗ることができた。

1993年,三菱重工業と業務用エアコン製造の合弁企業を立ち上げ,冷蔵庫,冷凍庫,エアコン,洗濯機という4事業分野からなる経営体制を確立するとともに,株式会社に転換した。90年代後半になると,M&Aによる拡張を行い,97年,中国家電メーカーで初めて,売上100億元を達成した。新規分野への進出も積極的に行われ,電子レンジ,カラーテレビ,パソコン,携帯電話,携帯情報端末(PDA),工業用ロボットなどをラインに加え,単品メーカーが多かった中国では先駆的に総合家電メーカーへの脱皮を図った。

2002年,三洋電機と包括的提携に合意し,折半で「三洋ハイアール」を設立した。そこでは三洋製品は中国一のハイアール販売網で販売し修理サービスも同じサービス拠点で行う,ハイアール製品は三洋電機の系列店を通し日本国内で販売する,三洋電機はハイアールに対して技術・基幹部品の供与を行うことなどが取り決められた。ハイアールは海外進出にも積極的であり,輸出と共に生産拠点も海外に設けている。たとえば冷蔵庫では,現在,アメリカ,イタリア,パキスタン,ヨルダンなど海外にも多くの現地生産工場をもっている。

ハイアールは,現在中国で最も尊敬される企業の1つであり,顧客志向に基づいて,新技術による新製品開発力,品質管理の徹底,販売網・サービス体制の確立などにより,高い企業ブランド・イメージが形成されている。ただ,こうしたハイアールの評価に対して,企業統治の不鮮明さや公称売上高と上場企業売上高との間の乖離が大き過ぎることなど,いくつか問題点も指摘されている。中国で企業統治がどうなっているかはハイアールに限ったことではないが,それは株主構成からもみることができる。一般に中国では,国や国有法人(集団公司)が上場企業の発行済み株式の約7割を,市場では

売買できない「非流通株」として握っているケースが多い。政府保有の集団公司が集中支配株主として，その傘下に上場企業を含むピラミッド型グループを形成しているのである。したがって中国の企業形態は，国有企業と民営企業という簡単な2分法は意味がなく，「混合所有制」というのが実態であろう。その結果，大株主である集団公司の介入により，企業成長に反する意思決定，頻繁なトップの交代，資源の浪費などが行われることが多い[7]。

2009年，三洋電機がパナソニックの子会社になったことにともない，ハイアールは，11年に白物家電事業を買収，翌年から，三洋電機から受け継がれた製品については「AQUA（アクア）」ブランドで提供している。現在，ハイアールは，主な製品は冷蔵庫や洗濯機などの白物家電，テレビ，エアコン，ラップトップパソコンなどで，世界165カ国以上で生産・販売している。61の販売会社，24カ所の工場，24のデザインセンターがあり，11年，全世界の売上額はグループ全体で前年比11％増の1,220億元（約1兆8,300億円），冷蔵庫と洗濯機の生産台数のブランド別マーケットシェアは，2012年時点で世界第1位である[8]。

2. ハイアールのマーケティング・チャネル戦略

ハイアールは，もともと自らチャネルを構築する直営方式の志向性が強かった。当初は百貨店（大商城）で販売されたが，徐々に店中店（テナント）を設けるようになり，一方で日本の家電系列店に相当する専売店のネットワークを広げていった。すなわち，企業内に販売部門を設け，企業規模や販売地域が拡大するに従って，都市ごとに支店を設置し，小売店と直接取引を行う方針をとった。しかしながら，1990年代前半までは家電品市場は売手市

---

7 渡邉［2002］の第6章による。
8 ハイアール　アジアインターナショナルＨＰ（2013年10月）。

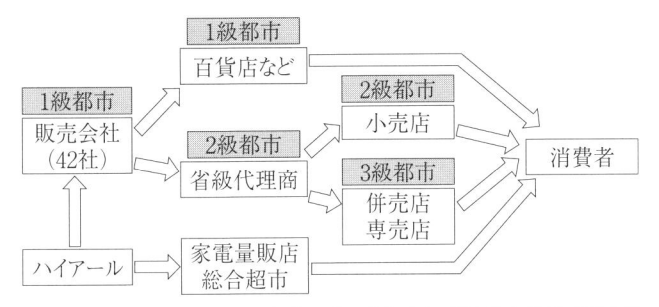

図表 4-2　ハイアールのマーケティング・チャンネル

(出所) 日本機械輸出振興組合 [2004], 青島イオン聞き取り調査 (2012 年 3 月) などから作成

場の状態にあり，それも需要の多くは大都市であり，ほとんどのメーカーと同じように，百貨店中心のチャネルであった。1990 年代に入ると，規制緩和が進むなかで青島の家電企業は積極的に成長戦略をとり，92 年の売上高はハイアールが 6 億元，ハイセンスは 4 億元であったが，2001 年には，それぞれ 806 億元と 221 億元に達した。この 10 年間に両社は飛躍的な成長を遂げ，特に 90 年代後半の成長は顕しかった。その一方で，利潤率（当期純利益／売上高）は同じ期間にハイアールは 30.2％から 1.8％まで，ハイセンスは 8.5％から 3.2％まで低下している。業界をとりまく競争が厳しくなるなか，両社は利潤率をある程度は犠牲にしながらも成長路線を進んだといえる[9]。1990 年代後半になるとハイアールの生産力は大幅にアップし，百貨店だけの販路では不十分となりチャネル政策の変更を迫られた。そこで，成長してきた家電量販店を利用するとともに，97 年から中小都市を中心に専売店網づくりに着手した。

ところで 2000 年までは，青島の本社は小売店に直接販売して資金回収を行っていたので，法人税などはすべて青島市に納めていた。これに対して各

9　天野 [2005] 125 頁。

地政府から不満が拡大したことが1つの契機になり，全国に全く新規にハイアール分公司（販売会社，販社）を設立するようになった。分公司はかつて工貿会社と呼ばれたが，日本の販売会社とほとんど同じ機能を遂行している[10]。現在，国内には42の分公司とともに，同数の配送拠点も設けられている。ハイアールは全国の1級都市（主に省都）に販社を設立し，省都以外の2級都市には資本関係がない省級代理商（次級代理商，分銷商，流通センター，販売センターなどの呼称がある），それ以外の3・4級市場では専売店や併売店を利用する。販社は1級市場の小売商と直接取引するとともに，省級代理商を通じて2級市場の小売商や3級市場の小売商・専売店と取引する[11]。省級代理商は，各取引で製品毎にメーカーの会社から指定されるので，流通チャネルははなはだ複雑になる。そしてこれとは別に本社には家電量販店を担当する大規模得意先サービスセンターが設立されている。蘇寧雲商や国美電器などには，製品種目によっては一部代理商を利用するが，多くの場合直営店形式で出店するのがふつうであり，百貨店における店中店や専売店と経営方式は変わるところがない。家電量販店，百貨店と専売店の大きな違いは，売掛金管理が個店ではなく，大型店側が行うことである。

また，専売店は「1県1店舗」が原則であり，2000年までに農村を中心に約1,000店舗，現在はおよそ2,000店に達している[12]。これら専売店の規模は100㎡から1,000㎡とさまざまである。ハイアールは排他的取引を課して専売店になることを要請しているが，しかし，遵守されず併売（混売）する方が多いようである。

これまで家電メーカーは，家電量販店が新規店舗を開くたびに数十万元の出店料を取られたり，家電チェーン店間価格競争が激化した煽りを受けたり

---

[10] ハイアール大連分公司での聞き取り調査による（2013年3月）。
[11] 張ほか [2003] 177-178頁。
[12] ハイアール商流推進本部部長・劉子力氏（当時）に対する聞き取り調査（2004年8月）による。

していたが，有効な対抗策をうつことはできなかった。自社販売網に腐心しているハイアールでも，1・2級市場では家電量販店や百貨店チャネルが中心であり，全国に構築した専売店網は3・4級市場の一部で機能しているに過ぎない。ただしいずれの市場でも，販売価格の決定権に関しては必ず家電メーカーが握っている。というのは中国では，どの業態の家電品売場でも販売は派遣社員が専ら行うので，このことが価格の安定に寄与しているのである（総合量販店の家電品担当者談）[13]。したがって，量販店と百貨店の価格のスプレッドも僅かなことが，相対的にサービス水準の高い百貨店の家電品販売を支えていると思われる。青島市のケースでみると，2011年，国営の利群百貨店は市内5店舗で家電品販売額シェアはおよそ10％も占めている。これに対して国美電器は37店舗で46％，蘇寧雲商は27店舗で31％であり[14]，個店でみると利群百貨店の家電品売上高が群を抜いており[15]，実際われわれが利群百貨店の家電品売場を訪問したときも多くの買い物客で賑わっていた。

　しかしながら，大手メーカーの業績が大型小売店のバイングパワーに大きな影響を受けているのは事実であり，そこで量販店との良好な関係を続けていく一方で，自社販売網をパワーアップし，自社製品の性能や使い勝手を消費者にアピールし，アフターサービスも手厚くして拡販し，量販店の特売やネットショッピングによる安売りなどによる値崩れを防止する必要に迫られるようになった[16]。ハイアールは中国家電業界のリーダー企業で，ブランドは消費者に最も浸透しており，また最高水準のアフターサービスがブランド・エクイティを支えていると言われている。利用者からのアフターサービスの依頼はコールセンターに集約され，そこから各地域の契約業者に依頼するもので，ハイアール大学で養成されたスタッフが迅速な修理を行ってい

---

[13] 現地の日系総合量販店の家電品担当者談（2012年3月）。
[14] 青島イオンの資料（2012年）による。
[15] 利群集団・青島利群商厦での取り調査による（2012年3月）。
[16] 日本経済新聞（2006年1月16日付）。

る。また，販売代金は日系メーカーなどとは異なり，得意先の発注時に受け取っており，売掛金回収の苦労はないという[17]。

3. 新たな専売店の展開：青島華彦電器のケース[18]

ハイアールでは2008年頃から，全国の1級都市，2級都市で新たな専売店網づくりを始めた。ハイアールでは，新たに展開する大都市の専売店に対しては，次のようなサポートの実施により系列店網を強化して，家電量販店に対抗しようとしている。

① 量販店向けの仕様とはデザインなどを微妙に変え，相対的に低価格で卸す。
② ハイアールの専売店に相応しい店舗内装を施す。
③ 家賃や給料などの一部を手当として支援する。
④ 専売店が値引き販売をした場合にリベートを提供する。
⑤ 本社の営業スタッフが，新製品の販売や特売時にＰＯＰなど飾り付けを手伝う。

山東省の青島市を例にとると，こうして完全系列化されたハイアールの専売店が，2012年3月現在，市内に20店舗ある。聞き取り調査に協力してくれた専売店「青島華彦電器」は，小売店舗5店を展開し，その他に下位市場やネット業者に対する卸売りを行うとともにサービス部門（サービス要員は70～80人）をもっている。それは日本の「でんかのヤマグチ」のビジネスモデルが雛形という。売場面積は200平方メートルかそれ以下とほとんどが小規模だが，ハイアールの全製品を扱い，今までの専売店とは異なり他社製品は一切扱わない。店舗当たり月商は月40万元程度と売上高は大きくない

---

[17] ハイアール大連分公司での聞き取り調査による（2013年3月）。
[18] 青島華彦電器での取り調査による（2012年3月）。

が，サービス部門や卸売り（年商およそ 800 ～ 900 万元）が業績を支えている。店舗を利用する顧客層は，百貨店や量販店はワンストップショッピングでついで買いをするので年齢層が比較的高く，それに対して専売店は若い客が多いとのことである。商品はすべて販社から現金前払いで仕入れている。メーカーは得意先の業態により若干スペックを違えて迷彩を施しているが，専売店は百貨店や量販店より同クラスの製品を若干安く仕入れられるので有利な立場にあるという。

　当初，専売店とアフターサービスは別々の経営だったが，2011 年中頃から併営になった。アフターサービスは，それまでと同じように消費者から依頼を受けたハイアールサービスセンターが，エリア毎にサービスを請け負う専売店を指定するので，家電量販店など他店で購入した客のサービスも提供している。ハイアールでは最近こうしたサービス機能を備えた専売店を積極的に増やしている。組み立てや設置サービスについて，量販店などと比べると無料の点では変わりはないが，迅速さなどでは他業態より優位性を保っているという。ハイアール本社にはコールセンターと技術顧問を擁しているが，実際のサービス提供は外部業者や専売店が行っている。物流に関しては，青島華彦電器では即墨市（青島市の県級市）に自社配送センターを有しており，商品はハイアール物流センターから直接届けられ，顧客の注文があると在庫があれば半日で届けられる。こうした新しいタイプの専売店は，果たして量販店に対する有効な対抗力になりうるであろうか。こうしたハイアールの専売店は増えており，大連地区では専売店は 100 店に達し，シェアは量販店に迫る勢いとのことである。[19]

---

[19] ハイアール大連分公司での聞き取り調査による（2013 年 3 月）。

4. 併売店の組織化

　ハイアールは，2001年に香港で設立された「日日順」という会社を本土企業との合併により発展させ，09年から総合的ネットワークを構築し始めた[20]。日日順はハイアールの子会社で，3・4級都市を中心にハイアール製品を扱う併売店（日本では混売店ということが多い）の組織化を行っている。事業内容は，販売チャネル，物流，サービス提供と幅広い。

　販売チャネルとしての日日順は，ハイアール商品だけでなくほかのブランドも数多く販売し，ハイアール製品は専売店より低価格で提供している[21]。その結果，専売店の業績に大きな影響を及ぼしているようで，「これまで3・4級市場ではハイアール専売店の売上が良かったが，最近日日順加盟の店舗が近所に開店し，売上が落ち込んでいる」と言う書き込みがネット上でみられる。また，全国で90カ所以上の配送センターと，およそ2,800カ所の分配配送センターをもち，県なら24時間以内，鎮は48時間以内の配達が可能で，組立サービスまで行っている。さらに，「ハイアール・ネット・ショッピングセンター」では，全国1,500カ所で消費者に24時間のサービス提供を実施している。

第2節　ハイセンスは研究開発を重視

　ハイセンスは，ハイセンス電器とハイセンス科龍電器の2つのグループ企業から構成されており，2社とも中国の上海，北京，香港の3つの証券市場に上場する企業である。ハイセンスは，中国において「海信 Hisense」，「科

---

[20] 中国連鎖経営協会［2013］。
[21] 王丹［2012］。

龍 Kelon」,「容声 Ronshen」の３つの知名ブランドをもつ。ハイセンスのテレビ・エアコン・冷蔵庫は政府から品質が保証され，中国国家ではじめての輸出製品の品質検査免除資格を取得している。現在，ハイセンスは南アフリカ，エジプト，アルジェリアなどに生産拠点を設け，世界15カ国に販売法人を有し，ハイセンスの製品は世界130カ国にのぼる地域の人々に利用されている。[22] 調査機関ディスプレイサーチによれば，中国市場における薄型テレビの販売台数シェアは，2012年は18.2％でトップだったが，12年は16.3％でＴＣＬ（18.0％），スカイワース（16.6％）に次いで３位であった。

1. 漸進的成長

　ハイセンス電器は，1969年に設立された国有ラジオメーカーが前身であるが，漸次製品ラインを広げるとともに，各地の国有家電メーカーを買収して生産拠点を全国に広げていった。2006年には，広東省の白物家電メーカー科龍電器（仏山市）を買収し，1,000万台の冷蔵庫の生産能力を手に入れた。[23] ハイセンスは，中国ではじめてのイノベーション型企業といわれ，国家イノベーション体系研究開発センターの重点企業に指定されている。中国国務院国有資産委員会が主催した「全国十大国有企業典型」に選ばれ，また，中国で唯一２回の「全国品質大賞」を獲得している。現在，ハイセンスは国家級企業技術センター，博士後科学研究所，国家863成果産業化基地，[24] 国家タイマツ計画ソフトウェア産業基地，[25] デジタル・マルチメディア技術国家重点実験室などを設置して，青島，深圳，順徳，アメリカ，ベルギーには研究

---

[22] ハイセンスＨＰ（2013年10月）。
[23] 丸川［2007］266-277頁。
[24] 「国家863」とは国家ハイテク研究発展計画。
[25] 「火炬計画」とは，1988年にスタートしたハイテク産業の開発，蓄積，振興を目的とする国家プロジェクト。

センターをおいて,グローバル研究開発体制を確立している。「技術立社,穏健経営」の経営綱領のもとで,ハイセンスは中国ではイノベーションのトップランナーとして走り続けているという。[26]

　ハイセンス電器は,紆余曲折を経験しながら,漸進的に経営戦略や経営体制を近代化させてきた。かねてよりパナソニックからの技術導入を通じて品質管理体制を築いてきたが,国内では高い技術力をもちながらも,1990年代前半までの経営は伸び悩んでいた。同社停滞の要因が単品経営とブランド力の弱さにあると考えた周厚健は,94年,ＣＥＯに就任した。就任後,周は「高技術,高品質,高レベルのサービス,国際ブランドを構築する」との方針を掲げ,テレビ単品の経営から,家電分野全体に多角化を進め,ハイセンス集団というグループ会社を結成し,商標を「海信（Hisense)」に統一した。そしてハイセンスはハイアールの後を追うように,エアコン,パソコン,携帯電話機などに多角化し,総合電器メーカーへの道を歩んだ。[27]

2.　技術力のハイセンス

　ハイセンスは多くの中国企業と同じようにＭ＆Ａを繰り返しながら大規模化し,2006年,科龍電器を買収して大手家電メーカーの仲間入りをした。科龍電器は,1984年設立の郷鎮企業「広東順徳珠江氷箱廠」を前身とする大手家電メーカーで,05年には元董事長が資金横領で逮捕されたり,役員会メンバーが定員割れを起こしたりして中国の会社法に抵触するなど,何かと証券市場などでは問題視される会社だったが,ハイセンスグループに入り立ち直っている。ハイセンスは,国内では技術力とマーケティングが優れた企業としての評価を得ているが,「中国の家電品の研究開発や技術水準は,

---

[26] ハイセンスＨＰ（2013年10月）。
[27] 天野［2005］126-127頁。

日韓メーカーや欧米メーカーと比べてまだまだ劣っている」（梅鋒峰同社副総経理談）のが現実である[28]。

　ハイセンスはグローバル化に積極的であり，全額出資で日本法人を設立して日本にも進出，2011 年 3 月，ノジマの首都圏などの全 94 店で，19 〜 32 型の中・小型 4 機種を「ハイセンス」ブランドで販売した[29]。発光ダイオード（ＬＥＤ）のバックライトを採用した 32 型の店頭価格は 3 万 9,800 円と，同等の国内メーカー品より 3 割強安くし，修理などアフターサービスは国内の大手電機メーカーと連携した[30]。しかし，売れ行きは先行して日本進出を果たしているハイアール同様に芳しくない。その理由の 1 つに技術上の問題，たとえば液晶の弱点である視野角度の問題，すなわち斜めから見ると明るさが減ったり，色調が反転したり，特定の色が見えにくくなったりすることが指摘されている。中国では技術力のハイセンスといわれるが，世界レベルから見るとギャップがあると評価されている。

　しかし，最近の新聞報道によると，ハイセンスとソニーがテレビ事業で提携交渉を進めていることが判明した[31]。ハイセンス側がソニー製テレビの組み立て生産を受託したり，ハイセンスがもつ中国国内の販路をソニーが活用したりすることなどが狙いと考えられる。交渉の行方はまだわからないが，提携交渉の背景にはハイセンスの技術水準が向上し，一定の信頼の裏付けがあると思われる。また，2013 年の米家電見本市「コンシューマー・エレクトロニクス・ショー（ＣＥＳ）」では，会場の入り口近くで，前年までＭＳのブースがあった場所にハイセンスが陣取り，最先端の 110 型 4 Ｋ対応テレビ

---

[28] 聞き取り調査による（2011 年 11 月）。
[29] 1959 年，相模原に設立された野島電気工業社が前身の家電量販店。2013 年 6 月現在，ノジマ直営の家電量販店は神奈川県を中心に東京・埼玉・千葉・茨城・静岡・山梨・長野・新潟の計 10 都県に 178 店舗を展開。連結売上高 2,000 億円（2013 年 3 月期）。09-10 年にかけて，ラオックスの 10 店舗がノジマに転換した。
[30] 日本経済新聞電子版（2011 年 3 月 3 日付）。
[31] Sankei Biz（2011 年 4 月 12 日付）（2012 年 4 月 18 日付）。

やグーグルのテレビ向けサービス「グーグル・テレビ」に対応した製品などを展示して話題を呼んだ。[32]

ハイセンスはテレビの開発・生産が中心であるが，グループ内には白物家電の部門をもつ総合家電メーカーで，2グループ，主要3ブランドより構成されている。最近の推定によると，テレビの国内シェアはトップあるいは2位，青島地区では約60%と高いシェアを握っている。[33]

3. ハイセンスのマーケティング・チャネル戦略[34]

現在，中国全土で事業展開をしている家電メーカーはハイアールとハイセンスの2社だけといわれている。両社とも1・2級都市では家電量販店中心

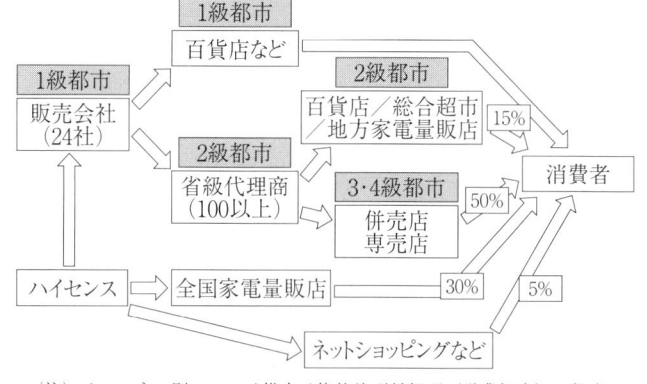

図表4-3　ハイセンスのマーケティング・チャネル

（注）チャンネル別シェアは推定は梅鋒峰副総経理（営業担当）の推定。
（出所）ヒアリング（2011年12月）から作成。

---

[32] 日本経済新聞（2012年1月25日付）。
[33]「家電販売協会」は北京にしかないので，全国シェアは明確に把握できない。
[34] ここは主に，ハイセンス・営業部副総経理・梅鋒峰氏に対するヒアリングによる（聴き手は専修大学の石川和男・趙時英氏）。

に販路を確保しているが，専売店網づくりが遅れていて，特に都市レベルが下がるにつれて併売店の数が多くなっている。現在，ハイセンス本社の販売チームには1万人以上のスタッフが所属している。地域によりマーケティング・チャネルは大きく異なり，小売段階では，1・2級市場は家電量販店，総合超市，百貨店，3・4級都市では併売店が主に消費者に対する販売機能を担っている。1980年代から現在に至るまで蘇寧雲商や国美電器などの全国家電量販店が成長してきているが，その一方で広大な国をもつ中国では，家電品市場の7割以上を占める地方市場において，専売店とともに併売店の存在が相変わらず大きい。最近では，多くの家電製品の普及がこれからである地方市場では，政府による「家電下郷」政策を背景に，滙銀家電のようなローカルな量販店が成長している地域もある。ハイセンスでは，米ベスト・バイ傘下の江蘇五星電器もこうしたローカルな量販店の1つとして位置付けている。

　中国のマーケティング・チャネルの特徴は，家電品に限らず多くの商品で，市場規模によってその方式が大きく異なることである。ハイセンスの販売先は，全国家電量販店が20〜30％，地方家電量販店，スーパー，百貨店などが15％，専売店が50％，その他（ネットショッピングなど）が5％であるが，それぞれ中間流通の長さには差がある。蘇寧雲商や国美電器などの全国量販店はワンステップ流通であり，それ以外のチャネルは，ハイセンスが全国の1級都市に展開する24の分公司（販売会社）が介在している。さらに2級以下の都市では，約100社の省級代理商（ＡＶが48社，白物家電が50社）を経由して川下に流れていく。小売販路のイメージとしては，1級都市は全国展開の量販店，2級都市は百貨店，3・4級都市は個人経営の専売店ということになる。青島の場合は，ジャスコ，ウォルマート，カルフールなどの総合超市も家電品販売では健闘しており，非家電専門店でのシェアが高くなっている。

　蘇寧雲商や国美電器などの全国量販店は，帳合上は直接流通になっているが，実際は，ハイセンスの販売会社が物流機能を遂行して各量販店の店舗に

配送するケースが多く，また店舗立地によっても異なり一律の対応が行われているとはいえない。3・4級都市のチャネルは，販売会社，省級代理商，併売店専売店のチャネルが中心であり，全体の過半数を占めている。専売店は，個人経営の家電店から出発し，その後専売店となった店舗が多く，伝統的店舗で販売を行っており，3・4級都市を中心として全国で数万店存在しているが，専売店と言っても名称だけでほとんどは併売店と思われる。販売会社は，1級都市の百貨店，総合超市などの大型店と2級都市の省級代理商に対する卸売機能を担当している。代理商の機能は2級都市の百貨店，総合超市などの大型店と3・4級都市の専売店に対する卸売り機能を遂行するが，白物家電とAVの代理商では若干役割が異なり，AVでは金融，回収，物流を行い，白物家電はこれらの他に店舗開発を行っている。代理商と専売店の関係をみると，人間関係でつながっていてメーカーの統制力はあまり及んでいないとのことである。

4. 新たな専売店チャネルはこれから

　通常中国では同一メーカーでも，白物家電，AV，パソコン，携帯電話の4つは，全くチャネルが異なることが多いので一括りにして捉えることができない。ハイセンスでも，取引時に製品ごとに省級代理商を指定するので，ハイアールと同様にライン全体で捉えると，はなはだ複雑なチャネルになる。たとえば，携帯電話などは全く別チャネルで展開されている。中国の家電メーカーで専売店網が整備されているのは，白物家電を販売するハイアールだけといわれている。ハイアールは，白物家電の生産は個人企業から成長し，AV製品は国営企業からスタートしたというこの出発点の違いが，チャネルに大きな影響を及ぼした。ハイアールは白物家電については，専売店のチャネルを早くから構築したのに対し，AVは近年急成長してきたために対応が追いつかず，整備し始めたのはここ数年のことである。しかし近年では，既に紹介したように，大都市でも，サービス機能を備えたハイアールの

全商品を扱う近代的な専売店の展開を始めている。これに対してハイセンスは，こうした新たな専売店は青島市内でもまだないが，現在展開を検討中とのことである（2012年3月，青島ジャスコ黄島店の家電売場・ハイセンス派遣社員談）。また，電子商取引も急速に普及し，直販サイト，家電品売場の提供サイトともに好調であるが，ハイセンスの場合は，BtoBしか行わず，直接消費者に販売を行っていない。BtoCと異なりネットの卸売りは従来のチャネルとは補完関係にあり，競合はしないと考えているからである（ハイセンスの関係者談）。

第3節　高度成長企業のモデルTCL

　TCLは，中国改革開放後の高度成長企業のモデルの1つで，IBMのパソコン部門を買収した聯想集団と共に，「国際買収」の先駆け企業として中国では有名である。TCLは，2000年末，恵州市政府が株式の59％，従業員が41％（そのうち李東生総裁が2.97％，袁成副総裁が0.54％）をもついわば混合所有制の企業であるが，経営の独立性は比較的強いと言われる。集団公司のもと，テレビやＡＶ事業などを行う「ＴＣＬ国際ホールディングス」（香港上場），電話事業を行う「ＴＣＬ通信設備」（深圳上場）などがある。2003年の売上高は5,100億円，過去10年の年平均成長率は40％超，従業員45,000人，世界最大の生産規模をもつテレビの他，携帯電話，ＰＣ，家電など幅広い製品群をもつ企業に成長した[35]。

---

[35] 日本経済新聞（2004年12月20日付）。

1．ハイアールを追撃

　ＴＣＬは，1981年，広東省恵州市人民政府の出資により，オーディオ・カセットテープのメーカー「ＴＴＫ家庭電器」として設立された。香港の中小メーカー向けの委託加工が中心であり，安い労働力だけが強みであった。しかし，86年に電話機の生産を開始，ＴＣＬブランドで販売を始めると急成長を遂げ，89年に電話機の売上でトップに立ち，現在に至っている。また，創業10周年を過ぎた92年には，カラーテレビ生産に進出した。カラーテレビのマーケティング戦略は，同業他社が18～21インチの普及品を主力にしていたのに対し，海外製が8割以上を占めていた28インチ以上のワイドスクリーン・テレビの生産を目指し，高級品に狙いを絞り，中程度の価格で販売するもので，消費者の支持をえた。[36] 2012年末，ＴＣＬの従業員数は60,000人以上，販売拠点は世界中に40カ所以上，ブランドはＴＣＬの他に仏トムソン（現・テクニカラー，2004年に合弁，05年に買収）やアルカテル（2004年，仏通信機大手企業との合弁）をもつ。そして12年の売上高は1兆1,100億円（前年比15％増）と順調に成長，液晶テレビの販売台数は1,553万台で，世界市場ではサムスン電子，ＬＧ電子，ソニーに次いで4位，中国市場では8,856万台で首位である。[37]

　ＴＣＬはこれら以外にも海外企業との提携は活発に行っており，2002年，パナソニック（当時は松下電器）と包括的提携の合意をした。提携内容は，パナソニックはキーデバイス（ＣＲＴ，プラズマ，コンプレッサーなど）をＴＣＬに供給する，ＴＣＬはパナソニック製品を自社チャネルで中国市場向けに販売するなどである。さらに，04年には，東芝と白物家電の合弁会社を設立することで合意した。これは新工場を建設し冷蔵庫を年70万

---

[36] 小島［2004］。
[37] ＴＣＬ「2012年度業績回顧と展望」，およびディスプレイサーチによる。

台，洗濯機を年30万台生産する予定で，9割が東芝ブランドで残りがＴＣＬブランドで販売するというものであった。この他，スウェーデンの通信機メーカーのエリクソンやオランダの最大電子機器メーカーであるフィリップスなどとも多面的な提携を行った。最近でも李東生董事長（総裁）は「液晶パネル事業で日本企業と協力したい」と述べ，同事業の採算改善を急ぐ日本メーカーと共同で，パネル工場の新設などを探りたい海外企業との合弁について積極的な姿勢を示している[38]。

2．ＴＣＬのチャネル戦略

ＴＣＬは1992年までは，四川長虹などと同じように，メーカー→国有卸売商（1級→2級→3級）→小売商→消費者と言うピラミッド型の伝統的流通チャネルを利用していた。しかしながら，供給過剰になるにつれて担当範囲を超えた取次販売や価格競争が激化し，多数の卸売商が欠損に陥る事態を招いた。そこでＴＣＬは，92年にテレビ事業に参入して以降，1級市場で百貨店に直接販売する場合を除き，各地域で単一の卸に独占的販売権を与える「地域総代理店制」を採用した[39]。ところが，特定地域における販売権を一手に与えると地域総代理店のパワーが強くなりすぎて，ＴＣＬのコントロールが効かなくなった。そこで98年からは自社販売網の構築に努め，小売市場への影響力を高めるようになった。現在，全国を5つの管理区域に区分し，27の分公司と170の末端営業部を設置して，全国すべての大中都市と3,000の県，郷，鎮に，25,000以上の販売拠点を設けている。販売拠点である小売店の販売データは，インターネットで管理され，リアルタイムで売れ筋情報にアクセスできるようになっている[40]。

---

[38] 日本経済新聞（2013年6月14日付）。
[39] 張ほか［2003］173-175頁。
[40] 丸尾［2004］。

第4節　他メーカーのチャネル戦略

現在中国には，5大テレビメーカーがあり，企業間にあまり差がないといわれてきた。四川長虹，康佳，ＴＣＬ，スカイワース，ハイセンスの間で，この30年間マーケットシェアは毎年のように変動しているし，地域によってもシェアはかなり異なるのが実情であった。しかし近年は，液晶テレビに関しては，既にとりあげたハイセンスとＴＣＬが二強として抜け出したようである。ここでは，二番手グループの四川長虹と康佳，そしてパナソニックのマーケティング・チャネル戦略をとりあげる。

1. 四川長虹[41]

1958年にソ連の援助により建設された軍事用レーダーを生産する国有企業が前身であるが，軍民転換により，80年，86年の2度にわたって当時の松下電器から技術導入を行い，テレビの生産を開始した国営企業である。統制経済化の86年に，率先して白黒テレビの値下げを断行してトップメーカーになった。この意味で四川長虹は市場経済化に貢献した企業といえる。製品ラインはテレビのほか，エアコン，携帯電話，冷蔵庫，炊飯器など多角化しており，2005年の売上高は181億元であった[42]。その後08年の売上高は279億元，12年は国内360億元（5,770億円），海外44億元（700億円）で総計404億元（6,460億円），営業利益は2.8億元（45億円）と推移している。営業利益とともに株価も低迷しており，13年7月3日の大引けは1.91元であった[43]。リーマンショック以前の同社の株価は，07年の高値は13元で

---

[41] 四川長虹集団大連分公司での聞き取り調査による（2013年3月）。
[42] 丸川［2007］262頁。
[43] 『長虹　年次報告書』各年。

あり2ケタの相場が形成されていた。

　マーケティング・チャネルは本社の市場部が，全国に50数カ所ある分公司を統括，基本的にはそこから小売商に流通するネットワークを構築している。大連分公司では，蘇寧雲商と国美電器に35のブース（直営店）をもち，シェアは50％以上を占める。残りは総合超市や大連商業集団，そして専売店が分け合っている。専売店は主に3・4級市場を対象に市場シェアを高めるために2005年から展開，13年3月時点で大連地区には約60店あるという。

　中国で特徴的な商慣行は，メーカーや代理商の直営店であっても売上管理は家電量販店などの大型店側が行っていることである。そのため少し前までは，メーカーは売掛金の回収に苦労したが，最近は毎月払ってくれるようになっているので外資系メーカーより恵まれているという。たとえばある日系メーカーでは，「契約事項以外の処理に手間取って資金回収に苦労している」と関係者は話している。

　四川長虹のアフターサービスは他メーカーと同じように，顧客からの依頼はコールセンターに集約され，そこから直接契約している業者に依頼するネットワークが形成されている。大連市が位置する遼寧省には関連会社が1カ所，契約事業者は都市部に3カ所，県級市にはそれぞれ1・2カ所が指定されている。

2. 康佳（KONKA）[44]

　香港の港華グループと深圳経済特区の開発会社，華僑城経済発展総公司が，中国の改革開放後，最初の合弁企業として1979年に設立した光明華僑電子工業有限公司が前身である。当初は，輸入部品でラジカセなどを組み立

---

[44] 康佳集団大連分公司総経理・苗峯に対するヒアリングによる（2013年3月12日）。

てて国内市場に売っていたとみられる。84年頃から本格的にテレビ生産を始め，主にヨーロッパ向けに輸出していた。89年に「深圳康佳電子有限公司」に名称を変更しており，現在はテレビ，携帯電話，冷蔵庫を中心に，自動車ＡＶ機器なども生産している国営企業である。2012年の製品別売上シェアはカラーテレビ79％，携帯端末8％，白物家電7％，その他6％と圧倒的にテレビの生産額が大きい。05年の営業収入は116億元で，その後11年162億元，純利益2,497万元，12年はそれぞれ183億元（2,900億円），4,600万元（7億円）と2年続けて利益額は僅少である。[45]株価も3元程度と低迷，四川長虹と同様にかなりの業績悪化に苦しんでいると思われる。

　康佳が本拠とする深圳は，1980年，改革開放路線により経済特区が指定されてから急速に発展した。そうした変化が早い深圳の電子市場で，康佳は「創造と技術」をモットーに，他社より半歩先を行くことを経営の軸に据えてきた。最近の新しい技術としては3Dに力を入れているが，4Kテレビも開発，84インチを9万元（標準小売価格）で提供している。現在の売れ筋は，32インチ（標準小売価格はおよそ1,900元），42インチ（同4,000元），46インチ（同5,000元）の3サイズである。家電のデジタル化により革新的な生産技術の伝搬は思いのほか早く，より内外の機能・品質格差は縮小しつつある，とのことである。同社総経理は「代表的な海外ブランドは3S（シャープ，ソニー，サムスン電子）であるが，これらのメーカーはブランド力があり，ステイタスとしての意味をもち，固有の市場を形成している。たしかにサムスン電子のデザインはすぐれているが価格が高いので，機能や品質の差異があまりみられなくなっている現在，国産カラーテレビの方が優位性をもっている」と語っている。

　康佳では本社の市場部が7地域に分けられ，四川長虹と同じように，55カ所に分公司が設けられ，そこから家電量販店，百貨店，総合超市，専売店

---

[45]『2013年康佳　年次報告書』。

に流通している。したがって，代理店や特約店は利用していない。専売店づくりは市場拡大のため2012年から始められ，13年3月現在，大連には4カ所ある。大連分公司の発展の経緯は，最初に事務所がおかれ，経営部をへて，現在の分公司になった。蘇寧雲商など量販店との契約は年間ベースで行われ，返品は相談によってある程度可能であり，売掛金回収は月毎ということになっている。しかし，地域や相互の担当者によって状況が異なるというのが中国特有の商慣行であるという。

　テレビの生産工場は国内に4カ所あり，それぞれに3ＰＬ方式の物流センターがおかれ，そこから55カ所の分公司に併設された配送センターに送られ，保管・仕分けされた後に各店舗に配貨される。アフターサービスは，コールセンターから，サービスが必要な消費者に近い分公司に連絡が入る。大連にはサービスセンターがあり，そこには4人が従事して都市部の業務に当たり，3・4級市場の農村部では契約している業者（大連地区には23）に委託しているので，アフターサービスはかなりの資金を要するのが負担になっている。

3. パナソニック

　「日中間で，政治の井戸を掘ったのは田中角栄で，産業の井戸を掘ったのは松下幸之助」と言われるほど，パナソニックの中国進出は早く，その後も積極的に事業展開し，中国家電業界の振興に大きな貢献があったことから「松下」ブランドは中国社会に広く浸透している。しかし，2012年秋の反日デモや日中関係の悪化などで日本企業の中国事業に暗雲が立ちこめ，パナソニックの3工場も一時休止するなど，その後は業績悪化に苦しんでいる。

　1990年代半ば以降，中国企業と合弁企業の生産拠点が増加すると，販売会社など自己のチャネル構築が認められるようになり，現地生産を進めることを条件に，輸入品の取扱いも徐々に解禁になった。2000年代，松下電器時代のマーケティング・チャネルは，統括会社である松下電器（中国）のも

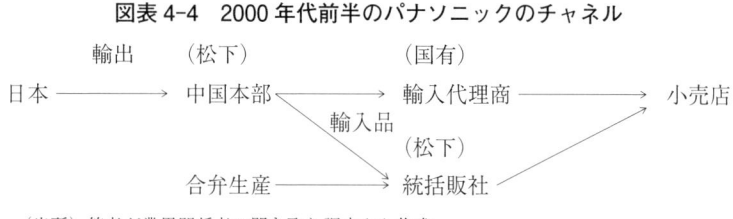

図表 4-4　2000 年代前半のパナソニックのチャネル

```
       輸出    （松下）           （国有）
日本 ─────→ 中国本部 ─────→ 輸入代理商 ─────→ 小売店
                    ＼   輸入品   ↗
                     ＼         （松下）
                      ↘        ↗
             合弁生産 ─────→ 統括販社
```

（出所）筆者が業界関係者の聞き取り調査から作成。

図表 4-5　現在のパナソニックのフロー（2013 年）

日本　→　統括会社　→　販売会社（5）→　支社（48）／連絡所（20）→　小売店

とに，統括販売会社（販社）が製品別に 6 社（家電販社 3，システム販社，携帯販社，空調販社）が設立された。また，地域別に華北（天津），華中（上海），華南（深圳）に 3 つの「統括支店」と 14 支店がおかれ，それをもとにパナソニック製品を扱う電気店を中国全土で約 3,000 店に増やした。電気店のなかには，他の電気店に卸売を行い，資金回収を請け負うものも含まれる。パナソニック製品は，1990 年代後半までおよそ 7 割が百貨店を通じて消費者に販売されたが，しかしその後，国美電器や蘇寧雲商などの家電専門店が成長し，チャネルが多様化している[46]。

統括本社の松下電器（中国）有限公司は持ち株会社で，中国地域関係会社への人材養成，財務，法務，環境保護，知的所有権などに関して総合的な支援活動を行っている。1994 年創立時は中国側 6 対松下側 4 の出資比率で中国側に支配権があったが，徐々に出資比率を高め，2002 年にようやく独資になった[47]。

現在，中国には工場が 50 カ所弱あり，消費者向け家電ではテレビ，冷蔵

---

[46] 関根［2005］。
[47] パナソニックチャイナ H P（2013 年 7 月）

庫，洗濯機，エアコンがそれぞれ1カ所に集約されていて，合計で20カ所弱ある。家電の統括会社は家電管銷（マーケティング）公司であり，そのもとに地域別に，①東北（大連），②華北（北京），③華東（上海），④河南（広州），⑤西部（成都）の5販売会社が独資で組織されている。販社から支社や連絡所を通じて地方市場の小売店に流通させている。支社と連絡所は市場規模の違いにより，たとえば，大連販社の管轄でみると，ハルピンには支店，牡丹江には事務所がおかれている。ただし，洗濯機とエアコンはもともと独立していて，販社を経由せず工場から直接流通する仕組みが形成されてきた。[48]

アフターサービスに関しては，北京にコールセンター（約100人が担当）があり，種々の問い合わせや修理依頼を処理している。修理会社は全国の約60の業者と契約しており，うち50が優良な基幹店になっているが，問題はロジスティクスである。8カ所の物流センターは提携企業が構築し，運営はパナソニックが行っているが，中国における物流事情は未整備で，同じパッケージでも，道路事情が悪く破損したりするケースが多いなどリスクが大きく，また良質の運転手を集めることがなかなか難しいという課題もある。人力で冷蔵庫などのかさばる商品も扱うので，商品を投げたり，荷扱いが乱暴だったり，輸送中に事故がおきるとそのまま行方不明になったり，国慶節などの繁忙期に運転手の頭数が揃わなかったりもする。大連の商圏で見ると，1級都市から大連までは高賃金の信頼できる運転手を確保できるが，大連の配送センターから県部への輸送がネックになっている。「物流を制するモノが業界を制する」というのが実感である（現地関係者談）。

得意先との販売契約は年契約が基本であるが，柔軟に対応している。問題は，国美電器や蘇寧雲商などの量販店は，海外メーカーに対して商品到着後

---

[48] ここでの論述は，主に松下電器（中国）有限公司での聞き取り調査による（2013年3月）。

30日以内に支払う契約になっているが，それが遵守されず形骸化していることである。売掛金の回収が中国では伝統的問題であるが，こうした商道徳の欠如で，メーカーの営業業務の30～40％は売掛金の回収に当たらなければいけないことになる。その結果，ある日系メーカーは蘇寧雲商と国美電器の20％に当たる1,800店にテナントを出店しているが，コストだけが嵩んでほとんど利がでないのが現状である。そこで，パナソニックでは2010年末から2・3級都市中心専売店網の展開を開始，11年から本格化させ，マーケティング・チャネルの立て直しを図っている。なお，専売店の売場面積は平均200㎡で全国に約400店舗，大連市内には3店舗，周辺の県部を入れると6店舗ある。

　こうしたパナソニックを含めた日系メーカーに対する現地関係者の見方は厳しい。「総経理などの幹部は日本人が多く，日中間の文化の違いが理解できず交渉力が弱い。もっと現地の人材を活用すべきである」。「マーケティング・チャネル戦略を再検討すべきである。日系メーカーは1・2級市場を射程に，主に国美電器や蘇寧雲商などを対象にしているが，中国家電市場は広大かつ複雑で，むしろ3・4級市場の方が市場規模や潜在力は大きい」。「市場特性や消費欲求の変化は早いのに，対応力が欠落している。特にデザインが簡素すぎたり，カラーマーケティングが不十分だったりする。シンプルで洗練された色やデザインは中国では売れない。この分野では韓国メーカーがすぐれている」。「日系は在庫を持ちすぎる傾向があり，決算前に特売をして売上を増加させるが，安売りでは利益が出ない」。「中国の消費者はブランド第1，サービス第2であるが，日系は販売サービスが過剰すぎるので，それよりももっとブランド力を磨いて，正面から韓国や中国メーカーと対峙すべきである」。「たしかに機能や品質に対する評価は高いが，過剰なケースがある。たとえば，バスタブに入る習慣があまりないのに風呂水を再利用できる洗濯機を相変わらず販売しているが，価格が高くなるだけである」など批判

---

[49] 現地メーカーや販売店での聞き取り調査による。

的意見が多い。もちろんこれらは現地の一部の声であり即断することはできないが，日系企業が中国で苦戦している理由を垣間みることができる。

第5節　拮抗する流通の主導権

　中国の家電品流通は，今までは蘇寧雲商や国美電器などの家電量販店主導型の流通が全体を凌駕する構図が描かれていたが，前章と本章の調査分析ではこれに反するいくつか興味深い発見があった。すなわち，地域によっては百貨店や総合超市が小売市場ではかなりの役割を担っているし，3・4級の地方市場ではメーカーの専売店や新たに勃興してきた地域家電量販店が競争力を増している。また，大都市でもメーカーがサービス機能を備えた近代的専売店の新たな展開が始まっている。

　中国家電メーカーは，当初より日本と同じような選択的販売制（selective distribution）をとり，卸売段階にとどまらず小売段階まで系列化を試みてきたが，生産者市場でメーカー数が非常に多く競争的であったことや家電市場の成長が急だったことから追いつかなかった。また，新しい製品群だったが故に計画経済時代の旧態然たる三段階卸システムでは対応することが難しく，生産の高度化によって上昇した経済的生産量に対応する販路を必要としたので，家電量販店が成長しやすい状況があった。

　家電品流通の主導権は，大都市では家電量販店など大規模小売企業が掌握し，地方都市では家電の専売店が機能を発揮して，棲み分けが行われているという理解があったが，現実には必ずしもそうではない。確かに大手量販店は店舗数と売上高が増加するにつれて，仕入数量が大きくなり，バイイングパワーを発揮して有利な取引条件を引き出したり，一部専用商品の開発などを行ったりしている。しかしながら，中国の家電量販店は業態コンセプトを確立できず，単に売場を画分けして家電メーカーから貸し出し賃貸料を受け取っているに過ぎず，在庫リスクも負担しないので，本来の意味で商品流通

のリーダーシップを奪えていない。店舗管理と売上金管理だけでは限界があるといえる。

　大手家電メーカーは，販売会社網を確立しているところが多いが，現在までのところ本来の意味での専売店づくりはあまり進んでいない。それにもかかわらず，商品流通の主導権のかなりの部分を掌握しているのはどうしてであろうか。1つは，中国家電量販店は自ら販売は行わないという業態の特殊性にある。中国のメーカーは，どの業態の家電品売場でも販売は自らの派遣社員が専ら行うので，量販店側には価格決定の裁量の余地が小さく，このことが価格を安定させているし，ブランド・エクイティの維持と高揚に寄与している。2つめは，アフターサービスの占有にあると思われる。メーカーの許可が得られないとサービス提供ができない仕組みが形成されているので，「サービス・ドミナント・ロジック」が生きている。

　中国の家電量販店は，量的発展が急すぎて，チェーンストアとしての「組織能力」（organizational capability）の向上や人材の育成が間に合わず，規模の利益（scale merit）があまりえられない状況が続いてきた[50]。不十分な経営体制のもとでも業績が好調で順調に成長しえた大きな要因は，中国家電市場そのものの拡大であり活況であった結果といえるだろう。

　ハイアールやハイセンスなどの有名ブランドメーカーの製品は，現在でも派遣店員制度の商慣行により，多少の鞘があるとはいえ販売価格はどの業態でも類似している。派遣店員が価格維持の監視役としての役割を果たし，生産者余剰を確保し，中国家電メーカーの技術水準を確実にアップさせていることが推測される。独占禁止法の運用実態や中国独自の企業統治が，これらの問題とどう関係しているかはこれからの研究課題である。

---

[50] チェーンストアの「組織能力」（organizational capability）については，矢作［2011］を参照。

第5章

最近における韓国家電品流通の特徴

　2011年1月上旬，米ラスベガスでコンシューマー・エレクトロニクス・ショー（CES）が開催された。そこで目玉になったのはインターネット対応の「スマートテレビ」であった。CESでは，日韓勢に混じって海信（ハイセンス）や康佳（コンカ）の中国勢もスマートテレビの展示を行った。[1] スマートテレビがテイクオフをすることができるかどうかはまだ解らないが，最先端の薄型テレビでさえ，発展途上国の後発企業が素早くキャッチアップできる状況は，薄型テレビのコモディティ化が加速化してきたことを示している。一般に，コモディティ化が進むと，人件費が割安な中国などの発展途上国が台頭するというのが，電機業界が辿ってきた歴史であるが，それとともに，商品流通の主導権が生産者から量販店へと徐々に移転するという現象も多くの国々でみられた軌跡である。技術革新が進展し，顧客欲求に応じた差別優位をもつ製品開発が継続的になされると，生産者によるマーケティングが高度化するし，そうでなければ量販店が流通の主導権を掌握するようになる。このように生産段階の製品開発と流通方式は密接な関係をもっている

1　『日経ビジネス』（2011年1月31日号）。

ことが，企業活動としてのマーケティングの重要性を示す根拠の1つである[2]。

マーケティング・チャネルは静止することはなく，常に新たな卸売・小売機構が出現し，新しいチャネルシステムが展開する。近年，垂直的，水平的，マルチチャネル的マーケティング・システムの展開がみられるが，これらのチャネル動向のなかで最も重要なのは，垂直的マーケティング・システム（Vertical Marketing System，以下，VMS）の勃興である。VMSは，現在のアメリカの消費者市場では支配的な流通形態であり，市場全体の70～80％を占めていると推定される[3]。優越的地位変動の視点から家電品流通をグローバルに俯瞰すると，生産者主導から量販店主導に移行する傾向がみられる。すなわち，生産者主導型VMS中心の流通から小売商主導型VMS中心の流通構造への変化である。小売市場では，生産市場からの影響が弱まり，マーケティング戦略の余地が拡大するという意味で競争のレベルが高進する。また，従来のような水平的レベルの競争とともに，垂直的に統合されたVMS間の競争が活発になる。

かつて1933年に，チェンバリン（E. H. Chamberlin）が純粋競争ではなく独占的競争が，ロビンソン（J. Robinson）が完全競争ではなく不完全競争が普遍化していることに着目し理論化したように，現在は高度化してきたVMS間の競争理論が必要とされている。独占的競争がVMS間で展開される場合，水平段階だけで捉えられる競争とどのように異なるのであろうか。「韓国家電品流通の特徴」の検討により理論化の手がかりをつかみたい。

本章の目的は，まず，先進国では特異なケースといえるが，現在でも依然として生産者主導型VMSの家電品流通が圧倒的に優勢な韓国の実態を，時系列的にそして縦断的に明らかにすることにある。第2に，なぜ韓国では家

---

[2] 久保村・阿部［1987］22-23頁。
[3] Kotler and Keller [2009] p. 466.

電量販店の成長が遅れているのかを分析する。第3に，生産者主導型ＶＭＳが維持されている背景について日韓の独占禁止法の運用動向から若干の分析を試みる。最後に，生産者主導型ＶＭＳの家電品流通について，対抗力の仮説，独占的競争の理論，生産者余剰の概念を用いて家電量販店主導のＶＭＳとの比較検討を行う。

第1節　韓国家電品流通の変遷

　韓国でカラーテレビ放送が始まり，国内販売が認められたのは1980年のことであり，80年代は政治体制の民主化とともに，技術革新の進展によって生産が高度化し，生活水準の急速な向上がみられた。「三種の神器」が本格的に普及したのもこの時代であったが，家電メーカーは，当初より需要が拡大するなかでシェアを確保するためにマーケティング・チャネルの整備に努めた。寡占的メーカーは80年代後半には，代理店網をほぼ完成させたが，しかし90年代に入ると，流通市場の漸次的開放，消費欲求の変化，そして電子ランドやハイマートなど家電量販店チャネルの発展に対応するために，代理店中心の経営から脱却する必要に迫られた。

1. 1990年代前半の家電品流通

　この時代，総合家電メーカー3社（サムスン電子，ＬＧ電子，大宇電子）から代理店を経由するチャネルが約9割とほとんどを占めており，メーカー主導型ＶＭＳが圧倒的に優勢であった。メーカー主導型ＶＭＳは，完全系列化された代理店中心のチャネルである。代理店は日本の家電品流通における「系列店」と類似しているが，メーカーと資本関係はなく，大規模な代理店は専売店や購販場などに対する卸機能も遂行するという点では異なっていた。このような卸が認められているものを「管理店」と呼んだが，他の代理

店に対する卸機能を遂行することはできなかった。

メーカーと代理店の関係も日本とは異なり，競争メーカーの家電品は扱わないという排他条件付きの完全系列化であり，2年間の契約期間は特別な理由がない限り自動更新された。こうした取引関係は中小メーカーの新規参入の障害となり，また流通段階の競争制限をするという批判があるにもかかわらず慣行化した背景としては，高度寡占メーカーのパワーが強く，したがって違反すれば取引拒否や差別的取扱いなどの報復的措置の可能性が高い，そして長期的にみれば代理店にとっても利益になることなどが指摘された[4]。一方，多くの代理店は家族中心の零細規模経営で，特定メーカーの代理店から仕入れた商品を，消費者に専ら小口で商っていた。

日本では大型家電店や秋葉原の集積などの発展とともに，百貨店は早い時期に家電品の主要チャネルから脱落したが，韓国ではこの時期，百貨店も家電品の販路としてすでに相当の役割を果たしていたし，現在でも高級機種，最新機種を中心にしたイベント・マーケティング（結婚式シーズンのフェア

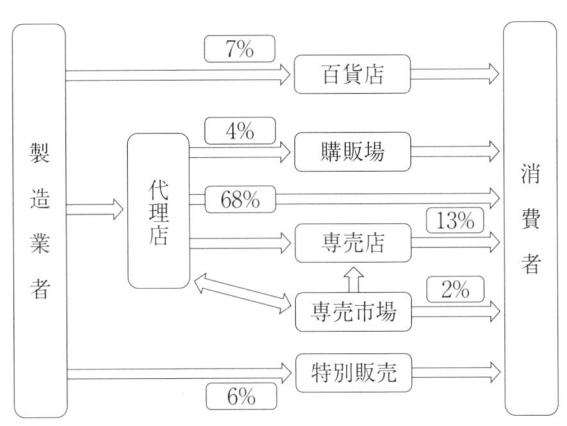

図表5-1　韓国の家電品流通（1990年代前半）

```
                    7%
         ┌──────────→ 百貨店 ─────→
         │    4%
         ├──────────→ 購販場 ─────→
製        │            
造 ─→ 代理店 68%       13%
業        ├──────────→ 専売店 ─────→    消
者        │              ↑            費
         │            専売市場 ─2%→     者
         │←─────────→
         │
         └──────6%──→ 特別販売 ─────→
```

（出所）三星経済研究所『三星経済』（1992年8月号）により作成。

4　南［1992］30-34頁。

図表 5-2　家電大手3社の系列店数の推移

西暦年	1988	1989	1990	1991	1992	1993
サムスン電子	1,180	1,210	1,353	1,390	1,413	1,440
ＬＧ電子	1,102	1,325	1,403	1,450	1,421	1,430
大宇電子	1,154	1,256	1,211	1,080	1,061	1,180
合計	3,436	3,797	3,967	3,920	3,895	4,050

（出所）姜［1994］による。

など）によって豊かな消費者の支持を得ている。総合スーパーや家電専門店が存在しなかったこともあるが，複数メーカーから仕入れるので品揃えが豊かである，イベント・マーケティングが富裕層に支持された，メーカーの価格安定政策が効果を発揮して実売価格の鞘が異業態間であまり大きくないことなどが，百貨店の家電品販売の支えになっている。

また専売店とは，大規模な代理店である管理店から電球やコンセントなどの小物を仕入れて販売する「街の電器屋さん」のことで，一般には「電波商」といわれ，修理兼業のケースが多い。専売市場は，龍山電子商街や鐘路にある世運商街などで，代理店の在庫負担を肩代わりしたり，代理店間の在庫過不足を調整する機能を果たしたりしていた。しかし，付加価値税を免れる無資料取引が横行するブラックマーケットの色彩が強く，近年，政府が無資料取引を厳しく取り締まる姿勢に転じたことから縮小傾向にある。購販場は，企業などが社員の福利厚生を目的に運営するもので，特別販売は政府機関や年金受給者への販売で，これも後退している。メーカーの価格政策は日本の建値制と類似した制度を採用し，価格を安定化させるとともにチャネルごとの鞘があまり拡大しないような方針をとった。

韓国の家電業界では，1995年からオープンプライス制を導入し始めたが，形式的な状況に留まっていて，現在に至るまで中間業者の価格設定の自由度はあまり大きくないと思われる。この時代の各段階の取引価格の実態は次のようなモノであった。工場渡し価格（ＥＸＷ，Ex-Works price）を100とすれば，標準小売価格は120前後に設定したが，実売価格はおよそ104～

図表 5-3　家電品小売業の業態別シェアの推移

(単位：%)

西暦年	1999	2000	2001	2002
メーカー直営店	10	16	20	20
代理店	34	23	13	12
家電量販店	22	28	33	33
割引店	9	13	18	20
百貨店	20	15	12	10
その他（テレビショッピングなど）	5	5	4	5

（出所）ハイマート「事業報告書」による。

106に下落しており，これだけのスプレッドでは流通業者の販売管理費をまかなうことができなかった。そこで，長年の商慣行として現金割引と数量割引が実施されてきたのである。韓国では代理店との取引はほとんど現金決済であり，ここで言う現金割引とは発注して直ちに，すなわち商品が到着する前に支払うと提供されるものをいい，量販店や割引店（日本の総合スーパーに相当する総合量販店）の場合では，60～100日の仕入代金の返済期間内に決済すると約5％が割引されるものをさす。また数量割引とは名ばかりであり，サムスン電子のケースでみると商品やモデルで適用基準が異なるが，カラーテレビや冷蔵庫では仕入台数1台から5％を割り引くので，ほとんどすべての取引に数量割引の恩恵を供与するというものであった。こうした商慣行は，メーカーの主導権の維持・拡大に貢献してきたと思われる。

5　現地業界関係者からの聴きとりによる（2011年2月）。
6　南［1992］35-37頁。

2. 2000年代前半の家電品流通

1990年代後半になると，生産技術は高度化するとともに，テレビ，冷蔵庫，洗濯機などの家電製品は大型化し，流通方式も大きく変化した。それまでは代理店が，製品の販売に伴う配送はもちろんサービスまでも行っていたが，大型家電製品が急増したことから，家電メーカーは配送とサービス，代理店は販売のみを担当する分業体制へと転換した。[7]

1990年代後半期，Eマートやホームプラスなどの割引店や家電量販店が急成長してメーカーの代理店よりやや安く提供するようになり，IMF危機などで価格感応的になった消費者に訴求し，それまでの代理店中心体制に変動をもたらした。大韓商工会議所の調査（1998年）によれば，消費者が家電メーカーの代理店から購入する割合は，IMF危機直前の97年51％から直後の98年37％と，わずか1年間でシェアを14％も落とした。この時期百

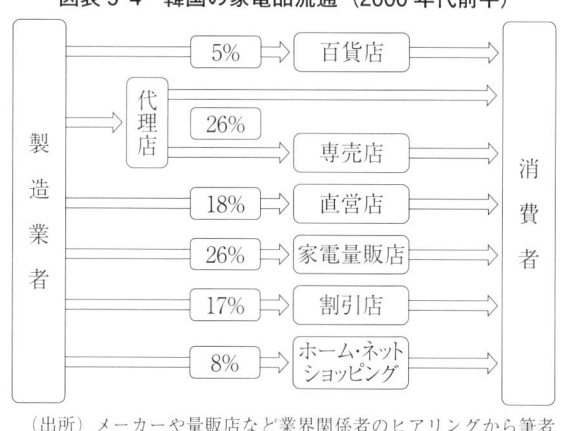

図表5-4　韓国の家電品流通（2000年代前半）

製造業者	→		→	消費者
	5% →	百貨店	→	
	代理店 26% →	専売店	→	
	18% →	直営店	→	
	26% →	家電量販店	→	
	17% →	割引店	→	
	8% →	ホーム・ネットショッピング	→	

（出所）メーカーや量販店など業界関係者のヒアリングから筆者が推定作成。

---

[7] ベ・チャンゴンほか［2000］37-39頁。

貨店は，家電量販店や割引店の成長により売上減少が続いているなか，顧客サービスの高度化（高級感溢れる売場づくりやコンサルティング・サービスの充実）や製品の高級化・専門化などによって差別化を図り，シェア維持に努めた。

　サムスン電子やＬＧ電子などの家電メーカーはこうした変化を受けて，従来の代理店中心のマーケティング・チャネル政策から，割引店と家電量販店を担当する専門部署を新設するとともに，インターネット・ショッピングなど新チャネルへの対応を強化する方向に転じ，ＬＧ電子は1998年に「ＬＧナラ」，サムスン電子は「サムスン・ショッピングモール」を開設した。一方，代理店は販売チャネルとしての地盤低下とともに，多くの問題点が顕在化した。当時の代理店訪問調査によれば，国内家電品の競争力の弱さ，売上低下と収益悪化，担保の目減り，価格競争の激化，横行する無資料取引，返品による無駄，非効率な物流，およびメーカーによる押し込み販売などが課題として指摘された。[8]

　業界関係者に対する取材（2003年）によると，粗利益（各種割引やリベートを含む）は，代理店の約15％に対して，量販店は20～23％でスプレッドが5～7％程度，一方販売価格指数は代理店がおよそ100～102％，割引店95％，量販店100％，テレビ／ネット・ショッピング90～92％で，サービスを勘案するとあまり販売価格の開差はない。こうした，メーカーによる価格安定化政策が普及していることが，家電品小売市場における異業態間競争を活発化させているという皮肉な状況を生みだしているといえる。

　ちなみに，1990年代後半から2000年代前半の人気商品は，キムチ用冷蔵庫，観音開き冷蔵庫，プロジェクションテレビ（ホームシアター），ドラム式洗濯機，液晶テレビ，プラズマテレビ，ＤＶＤプレーヤー，ＤＶＤレコーダーなどであった。

8　ユンほか［1998］77-86頁。

3. サムスン電子による代理店チャネルの立て直し

　1996年の流通市場の完全開放を控え，90年代前半からメーカーは新たなチャネル戦略を模索していた。代理店チャネルを中心とした生産者主導型の垂直的マーケティング・システムの後退に直面した二大メーカーは，その建て直しの切り札として「直営店」の運営に乗りだした。

　1993年12月，サムスン電子は当時国内最大規模（売場面積300坪）の大型直営店をソウルと釜山にオープンした。それまで製品ライン別に展開してきた代理店戦略とは異なり，家電，ＰＣ，通信機器などサムスン製品をすべて取り揃えた総合的な家電店であった。その背景には，市場開放後に予想されたグローバル・リテイラーや日本の家電量販店の進出に対抗する意図があった。直営店は，95年には15カ所に拡大，また代理店は，サムスンブランドに対するロイヤリティを高めるために取扱商品と売場面積を基準に，一般家電製品を取り扱う「サムスン家電ランド」，ＡＶを専ら扱う「サムスンＡＶワールド」，総合的に品揃えをする「サムスン総合プラザ」に商号を変更した。この時期はサービスセンター網の拡大も図られ，国内最大を誇る103カ所の直営サービスセンターと，約2,000のアフターサービス指定業者網も構築されている。

　サムスン電子による大型直営店の開設は，代理店との無用な軋轢を回避するために複雑な軌跡を辿ってきた。大まかな経緯は次の通りである。電子・電機製品の卸・小売業として成長してきた企業を母体として，1996年，「韓国電子情報流通」が設立された。サムスン電子は，2000年に，同社の増資を引き受けて系列会社にするとともに，社名も「リビングプラザ」に変更した。当初サムスン電子の出資比率は50％であったが，現在は100％出資の完全子会社になっている。リビングプラザは，従来の代理店の売場面積の約5倍の150坪と大規模で，代理店に代わって店舗数，売上高ともに増加させている。02年の売上高は1兆ウォン（約10,000億円），店舗数は262店に達した。ただし，この時点ではリビングプラザは，百貨店や割引店に対する卸を

行っており，卸販売額も売上高に含まれている。こうした直営店はサムスン電子の全商品約800品目を展示して地域のショールームとしての役割を果たすとともに，専門的知識をもつ担当者によるサービスを充実させたので，既存代理店の脅威となった。そこで脅威を緩和させるために直営店では，1～2％割高の価格設定を行ったりした。[9]

代理店数のピークは1996年の約1,600店で，その後は減少に転じ，2002年は「家電店」と「特機店」（クーラーなど住宅設備の代理店）併せて800余まで減少している。1990年代後半に代理店が後退した大きな理由は，流通市場解放による海外小売業の進出に対抗するため，メーカー自ら直営大型店の展開に力を注いだことや，量販店や割引店などの大型店が成長したためである。

消費者ニーズの高級化と個性化とともに，家電製品のデジタル化・大型化も進行した。たとえば冷蔵庫を例にとると，国内販売台数は1995年200万台をピークに，96年190万台，97年180万台と下降し始めるが，容量が500ℓ以上の大型冷蔵庫の需要は増加傾向にあった。ただし，大型冷蔵庫の9割近くは海外ブランドであったので，サムスン電子はデジタル化・大型化に対応した商品開発を行い，冷蔵庫では「ジペル」（Zipel），またテレビでは「パブ」（Pavv）などプレミアム・ブランドを導入している。

経営組織上の変革としては，製品別事業部制を地域別支社体制へと転換，ソウル（ソウル，京畿道の一部），中部（仁川，京畿道の一部，忠清道，江原道），南部（釜山，大邱，慶尚南・北道），西部（光州，全羅南・北道，済州道）の4支社に再編成した。1998年，国内サービス部門は「サムスン電子サービス」として分社化，6支社と75センター体制に改編された。

---

[9] ヤン［2000］158-161頁。

4．ＬＧ電子も大型直営店を強化

　ＬＧ電子も，1990 年代に入ると，流通市場の開放による海外製品の増加や消費欲求の変化に対応するために，小型店の規模拡大，情報管理体系の構築，大型直営店の出店，百貨店での直営売場の運営，商品差別化戦略などをうちだした。95 年には金星社からＬＧ電子に社名を変更し，サムスン電子と同じようなチャネル戦略を採った。すなわち，代理店中心の経営から脱却するべく，電子ランドやハイマートなど家電量販店チャネルへの対応にも積極的に応じるとともに，大型直営店の経営にも乗りだしたのである。その結果，代理店は 94・95 年頃までは約 1,400 店あったが，2000 年代にはいるとおよそ 800 店以下に半減した。一方では，サムスン電子と同じように，生産者主導型ＶＭＳの維持復権を図るため，大型直営店の制度化など着々と手を打った。

　当初は，ＬＧ電子直営の大型店「ハイプラザ」は，既存代理店との摩擦を回避するために資金力のある代理店（ソウル地域は「テギョン流通」，南部は「テナム流通」）を利用して展開された。1997 年，ＬＧ電子は両社を買収して「ハイプラザ」に社名変更し，その後，ＬＧ電子のＯＢが経営する優良代理店を取りこむなどして急成長を遂げた。そして 2002 年，ハイプラザの売上高は 9,460 億ウォン（946 億円），店舗数 165 店に達した（ただし売上高には割引店や百貨店に対する卸販売額も一部含まれている）。その平均売場面積は 70 ～ 100 坪で，品揃えはテレビと白物家電が 6 割を占め，主力商品はプラズマ・液晶テレビ，ドラム式乾燥洗濯機，大型冷蔵庫の 3 品目であった。そして 03 年度下期からは，120 坪未満の直営店は代理店に売却するとともに，200 ～ 300 坪以上の大型店を強化する戦略に転じている。

　なお，大型直営店に百貨店や割引店などの帳合いをつけ卸販売額に計上した理由は，消費者からの返品処理や月末の一括注文に応じる場合などに，メーカーとの間のバッファー機能を果たすことにあったが，サムスン電子は 2003 年 5 月，ＬＧ電子も 04 年 1 月にこの帳合いを廃止した。

第2節　商業統計にみる変動分析

韓国は日本と並んで商業統計調査（卸・小売業総調査）が定期的に実施されてきているので，統計データを用いて家電品流通の変動をみてみよう。なお韓国でも，日本と同じように，2010年に「総事業体統計調査」（「経済センサス」に相当）が実施されており，商業統計調査が今後どうなるかは，現在のところ明確ではない。

1．店舗数減少の時代

家電量販店の成長や巨大メーカーによるマーケティング・チャネルの再編成による家電品流通の変動は，5年おきに実施された韓国商業統計ではどのように裏付けられるであろうか。韓国では全業種の小売業と同様に，家電品小売業の店舗数も1996年が最大で，その後減少に転じている。日本の小売店舗数の転換点は82年だったので，統計上のタイムラグは14年ということ

図表 5-5　家電品小売業の規模推移

(単位：億ウォン)

従業者数	1986年 店数	1986年 年販	1991年 店数	1991年 年販	1996年 店数	1996年 年販	2001年 店数	2001年 年販	2005年 店数	2005年 年販	2011年 店数	2011年 年販
1～4	11357	4913	15724	16669	18393	31102	8073	19928	5534	12656	4838	21775
5～9	1356	4322	2354	11206	2583	20966	894	17221	997	23013	1076	35775
10～49	459	4402	573	8668	539	13517	253	16601	396	26915	525	45511
50～	12	688	9	229	12	3989	4	766	16	3484	7	2238
合計	13184	14324	18660	36772	21527	70113	9224	54515	6943	66089	6446	105300

(注)　店数は卸売事業数および小売店舗数，年販は年間販売額のこと。2010年の『経済総調査』はネット未公開なので，2011年は『卸小売業調査報告書』（サンプル調査）を用いた。

(出所)　韓国統計庁『韓国商業統計』（1982年は『卸小売業センサス報告書』，1986年と1991年は『総事業体統計調査報告書』，1996年と2011年は『卸・小売業総調査報告書』，2001年は『卸・小売業及びサービス業総調査報告書』，2005年は『サービス業総調査報告書』）から趙時英が作成。

になる。96年から2005年の9年間で、2万店以上あった家電品小売業は3分の1以下に劇的に減少したが、その一方で1店舗当たりの年間売上高は3.23億ウォン（3,230万円）からおよそ3倍の9.52億ウォン（9,520万円）に増加し、通信機器小売業の分離による影響を差し引いたとしても、メーカーが積極的に推し進めた店舗の大規模化が商業統計からも裏付けられる。

家電店大規模化の傾向は、従業者規模別分析でもみることができる。小規模店（従業者1〜4人）のシェアは、1991年の45%から、2011年は21%と半分以下に減少、その分中規模店（従業者5〜49人規模）は、54%から77%に大幅に増加している。しかし、大型店（従業者50人以上）は、05年でもわずか16店舗しかなく、シェアは5%に過ぎず、11年にはそれをさらに後退させている。これらの発見は、韓国では家電量販店の大型化は、日本の「巨漢店ブーム」とは異なり限定的であること、メーカーが中規模の直営店を積極的に展開していることと適合的である。

2. 家電小売店の大規模化

1991年から2005年の間、卸売事業所数（店数）はほぼ横這いであるが、一方、年間販売額が増加しているのは主に通信機器（パソコンと携帯電話）市場の拡大による卸売事業の活発化が要因と考えられる。韓国商業統計では、2001年、小売業の業種分類で通信機器小売業が新設、家電品小売業の一部が移行された。一方、家電品卸売業は両業種を包摂したままで、この通

図表 5-6 韓国家電品卸・小売業の動向

(単位：10億ウォン)

	1991年		1996年		2001年		2005年		2011年	
	店数	年販	店数	年販	店数	年販	店数	年販	店数	年販
家電品卸売業	2360	1337	2811	3354	2760	6298	2865	6893	6517	21222
家電品小売業	18660	3677	21527	7011	9224	5452	6943	6609	6446	10530
通信機器小売業	-	-	-	-	10726	3028	12009	5647	26647	16531

(出所) と (注) は図表5-5に同じ。

信機小売業の急成長が卸売販売額の増加をもたらしている。

　韓国ではほとんどの業種で，卸売主導型の商品流通が主流であった日本とは違って，伝統的に商業資本の発達があまりみられず，家電品流通でも長い間，小売販売額が卸売販売額を大幅に上回っていた。ところが家電品だけでみると，2001年と05年のＷ／Ｒ比率（卸・小売販売額比率）が1を上回り，卸売業の役割が見直されたかのような印象的を受ける。しかし，家電品小売業に通信機小売業の販売額を加えて算出すると，01年0.73，05年0.56，11年0.78であり，決して卸売業が活動範囲を拡大しているとみることはできない。

第3節　現在の韓国家電品流通

　現在の韓国家電品流通の特徴としては，第1に，生産者主導型の垂直的マーケティング・システム（ＶＭＳ）が優位にあることがあげられる。一時期，割引店や家電量販店の成長で揺らいだ地位は，その後メーカーによる大型直営店の積極的展開などの立て直し策が功を奏して，主要な家電製品の代理店チャネルのシェアは，5割を維持している[10]。しかしその一方で，商業統計からも分かるとおり，中小規模の代理店の統廃合が進捗し，「街の電器屋さん」は急減している。第2に，家電量販店チャネルの発展は限定的であり，また割引店の家電品の取り扱い額は大きいが利益率が低く，両者ともメーカーに対する有効な対抗力になっていない。家電量販店のチャネル別シェアは5分の1超に過ぎないし，割引店3位のロッテマートでは，本部の担当者によれば，家電品の売上高は全体の8～9％のシェアを占めるが，利益貢献度は半分の4％にすぎない。その理由は，全商品の粗利の平均は25％であ

---

[10] 現地メーカーでのヒアリングによる（2010年11月）。

るのに対し，仕入価格が高く家電品のそれは13％と低いからである。

第3に，二大メーカーはチャネル別の価格差が5％を超えないような「価格維持策」を徹底させており，その恩恵に浴して百貨店チャネルが後退したとはいえ，未だ健在である。百貨店では「ＶＩＰマーケティング」に力を注いでおり，ＶＩＰ（上得意）客には「特別ラウンジ」の利用などさまざま

図表 5-7　業態別家電品売上高（2009年）

業態／市場規模	12,593億円
百貨店	519
直営店／代理店	5,037
量販店	2,740
割引店	2,296
その他	75

（出所）ロッテ百貨店資料（原データは統計庁資料と業界推定）。

なサービスが提供されるので，彼らが「ハレの舞台」で高額のテレビなどの高級家電品を購入する場合は，価格差が僅少であることを勘案すれば，安売り店ではなく老舗百貨店を利用するのは当然といえる。

図表 5-8　韓国の家電品流通（2010年代）

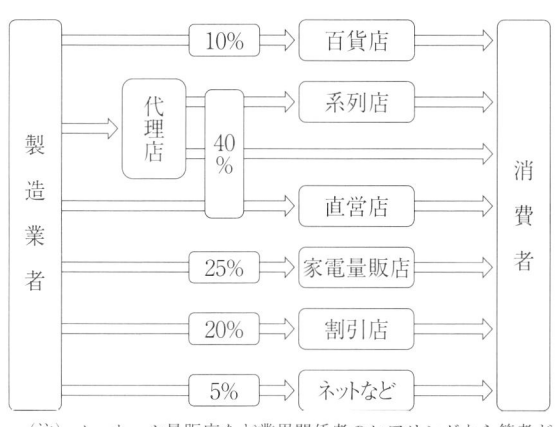

製造業者 → 代理店（40％）→ 百貨店（10％）／系列店／直営店 → 消費者
製造業者 → 家電量販店（25％）→ 消費者
製造業者 → 割引店（20％）→ 消費者
製造業者 → ネットなど（5％）→ 消費者

（注）メーカーや量販店など業界関係者のヒアリングから筆者が推定作成。

1. 二大メーカーのマーケティング・チャネル戦略

　サムスン電子を代表とする韓国企業の強さは，消費欲求に応じた商品を適正な時期に一気に投入する戦略にあり，特に成長する新興国市場で力を発揮してきた[11]。そこでは技術者の誇る良い製品は必ず売れるという日本市場での「定石」は通用せず，品質，価格，デザインをいかに組み合わせて現地適応するかというマーケティング戦略が成否のカギを握っていた。そして，こうした海外市場における韓国家電メーカーの競争優位は，国内における巧みなチャネル戦略が支えてきた。

　サムスン電子では，直営店と代理店（系列店）の店名を「リビングプラザ」などから「デジタルプラザ」に統一し，近年，直営店は店舗数と売上高ともに増加させている。直営店はメーカーの地域のショールームとしての役割を果たすとともに，専門的知識をもつ担当者によるサービスを充実させている。2011年時点で，サムスン電子の直営店（200～250坪）は280店，代理店（100～150坪）が250店，ライバルのLG電子は，直営店250店，代理店170店である。

　こうしたマーケティング・チャネル戦略の方針は，新しい状況にスピーディに対応してリードしていくためにはチャネル・キャプテンの地位の維持が必要というものである。具体的には，第1に，デジタルプラザ（直営店・代理店チャネル）のシェア50％を維持し，特定のチャネルに偏らないようにする。こうした完全系列化したチャネルは，①消費者の反応を早く知る，②新製品を早く導入する，③価格維持を図る，④アフターサービスを提供する，⑤フルラインを品揃えする，ことで消費者に利便性を提供するための手段となる。

　第2に，そのためにはチャネルごとにあまり価格差が生じないようにす

---

[11] 深川［2010］42頁。

る。韓国の家電業界でも表面的にオープンプライス化が進んでいるが，参考価格を提示し統制しているのが実態である。

　第3に，アフターサービスを充実させて差別化を図る。アフターサービス網はメーカー自らが構築し，量販店などの直接的な利用を排除しており，メーカーの優越的地位を強力にしている。サムスン電子では，サービス事業部を1998年にスピンオフさせ，「サムスン電子サービス」を設立，現在，全国162の直営店に併設している。サムスン電子の持株比率は83％で，2009年の売上高は約7,000億ウォンにのぼる。各センターでは，センター長と技術長だけが本社からの派遣であり，実際のサービス業務は86にのぼる協力会社が担うという効率的なシステムがつくられている。家電品のアフターサービスは，基本的には本部のコールセンターで受け付け，最も近いサービスセンターのエンジニアが訪問修理するというものであるために，サービスセンターを併設する直営店は強みを発揮することになる。ちなみに，サムスン電子サービスは，家電とＰＣの分野で「韓国標準協会主催韓国サービス品質指数」が，2010年まで9年連続1位になっている。

　第4に，チャネル別のスペックと差別価格政策をとる。たとえば，百貨店向けの薄型テレビでは，およそ2割を高所得者向けの特別仕様の製品開発を行っており，高級化するニーズに対応している。また，関係者の推定によれば，粗利益は家電量販店が23～24％なのに対し（含9％のリベート），総合量販店は約13％（含5％のリベート）とおよそ半分に絞られている[12]。こうしたメーカーのマーケティング・チャネル戦略が，メーカー主導型ＶＭＳの維持に貢献しており，これが韓国家電品流通の大きな特徴である。

---

[12] 現地でのヒアリングによる（2010年11月）。

2. 苦戦する家電量販店トップのハイマート

　家電量販店のシェアが6割を超える日本に比べ，韓国の家電量販店は2割余に過ぎず，量販店主導型ＶＭＳは未形成で，世界の主要先進国では珍しい家電品流通の展開になっている。韓国には家電量販店が2社しかない。まず首位企業のハイマートは経営業績が悪化し，2005年にアジア系の投資会社に，08年には中堅財閥のユジン（有進）グループに買収された。また，ハイマートは2012年4月，ソン・ジョング会長（ＣＥＯ）の横領および背任疑惑で，株式の売買が停止された。その後株式の取引は再開されたが，韓国のロッテショッピングが同年7月，ハイマートの経営権を1兆2,500ウォン（864億円）で取得することで合意したと発表した。ロッテグループが展開する最大手の百貨店ブランドや多様な小売ネットワークを利用して，両社は家電品販売におけるシナジー効果の発揮をめざしている。

　しかし現在に至るまで，韓国の家電量販店が，寡占的製造企業に対しては

ハイマートの沿革

1987年，サムスン電子とＬＧ電子とともに韓国三大家電メーカーの1つであった大宇電子の子会社として「韓国信用流通」が設立された。大宇電子の販売会社であり，大宇電子の一手独占販売権をもつ卸・小売の兼業の企業であった。89年，龍山に1号店をオープン，90年には上新電機と経営ノウハウに関する技術提携をしている。家電量販店としての本格的展開は，アジア通貨危機後の99年に10大財閥の1つであった大宇グループが破綻し，大宇電子を含む12の系列会社がワークアウト（債権団の管理下）に入ってからである。同年，「ハイマート」に社名変更し，2001年には，大宇電子から独立，従業員持株会社として再出発し混売店に生まれ変わった。[13] しかし，その後経営は悪化し，現在はロッテショッピングの傘下にある。

---

　　　13 ハイマート「有価証券報告書 2002 年度」。

図表 5-9　ハイマート（ロッテハイマート）の業績推移

(単位：10億ウォン)

	2004年	2006年	2008年	2010年	2011年	2012年
売上高	1,757	2,158	1,492	3,047	3,400	3,212
経常利益	83	116	-55	142	186	93
店舗数	220	238	257	274	305	322

(出所) ハイマート「事業報告書」と「監査報告書」各年。

とんど拮抗力を発揮できていない。たとえば新聞報道によって，電子製品の価格はアメリカの方が韓国よりはるかに安いことが明らかにされている。その記事によれば，サムスン電子の46インチのLEDテレビが，アメリカのベスト・バイで税込み約193万ウォンだったが，ハイマートでは同一スペックが298万ウォンで販売され，100万ウォン以上（約35％）の内外価格差があった。ノートパソコンも，サムスン電子のR430がベスト・バイの約79万ウォンに対し，ハイマートでは92万ウォンで販売されており，約13万ウォンの差があり，アメリカのほうが13％ほど安かった（韓国・中央日報2010年6月3日付）。

　ハイマートがメーカーの対抗力になりえていない大きな理由は，韓国における特殊な産業構造にあると考えられる。ほとんどの産業が2〜3社の構成で，大手財閥以外は有力企業に成長できないという「神話」が生きており，家電業界の生産段階も典型的な復占構造で例外ではない。現在，家電メーカーと量販店との間で行われる週1回の商談では，値崩れしないように要請され，たとえ店舗立地の競合状況で価格を引き下げることが認められたとしても下限が設定され，これを超えることは難しい（業界関係者談）。別の見方をすれば，独占禁止法（独占禁止及公正取引に関する法律，1980年）が，国内では有効に機能していないといえる。しかしこのことが韓国企業のグローバルな競争力を高めているという指摘もある。

　二大メーカーのこうした圧倒的な優越的地位を促進しているのが，自らが構築したアフターサービス網とその専権的利用である。ハイマートで販売さ

れた商品は小物家電を除いて、すべてメーカーのサービス網が利用される。そのプロセスは次の通りである。顧客がハイマートに修理の依頼をすると、メーカーの直営店に併設されたサービスセンターの電話番号を教えられ、顧客が直接電話をすると、依頼を受けたサービスセンターでは主に協力会社によってサービスを提供することとなる。メーカーのサービス拠点は全国的にきめ細かく張り巡らされており、たとえハイマート経由でも24時間対応という迅速なシステムを確立している。

　メーカーでは、修理はサービスでありコストと考えているので利益率が低く、量販店といえども食い込むことは難しい。また、ハイマートが直接修理業者に依頼しようとしても、メーカーから部品供給が行われないので不可能という実態もある。メーカー側では、年間250万ウォン以上購入すると、修理サービスは「無償1年プラス2年」という制度を導入し、きっちりと商品流通の主導権を握っている。ただし、ハイマートでは小物家電に関しては、全国10カ所の自社のサービスセンターを設け、直接サービスの提供を行っている。量販店は、メーカーが構築したアフターサービス網を利用できると言う点では「フリーライダー」であるが、これがメーカーの競争力と堅く結びついているところに韓国家電品流通の大きな特徴があるといえる。

　また、二大ブランドに対する韓国消費者のブランド・ロイヤリティの高さがこうした状況を支えている。消費者のサムスン電子とＬＧ電子の家電製品の機能・品質に対する信頼度は非常に高く、圧倒的なブランド・エクイティを構築している。我々が訪れたハイプラザ本店（ソウル江南区）のＡＶ売場は、目玉商品として陳列されていた「ソニーのブラビア」1台以外は、すべてサムスン電子とＬＧ電子の製品であったし、「龍山電子ランド」内のソニーのブースは場所が悪いこともあり、客の気配が薄くほとんど活気がなかった。このようにサムスン電子とＬＧ電子のブランドイメージは想像以上に高く、両メーカーともプロモーションなどによりイメージ高揚戦略を効果的に行っていることがみてとれる。

　ところで、ハイマート自慢の経営資源は、自前で構築した自社配送システ

図表5-10　ハイマートの自社配送システム

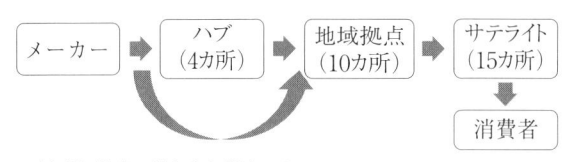

メーカー → ハブ（4カ所）→ 地域拠点（10カ所）→ サテライト（15カ所）→ 消費者

（出所）筆者の聴き取り調査による。

ムである。物流センターは全国29カ所を配置して、うち4つがハブ、10が地域拠点、15がサテライト（デポ）であり、24時間以内の配送を実現している。たとえば、釜山地区には29のハイマートの店舗あるが、これらの物流を担っているのがヤンサン（梁山）にある配送拠点である。そこには1週間分の在庫があり、そこで各店舗からの注文に応じられない場合は、南部地域のハブである大邱が迅速に協力する体制を整えている。なお、各配送センターには、小物家電を修理するサービスセンターがおかれている。

ただ一方では、ハイマート側の経営上の問題が指摘されている。第1は、粗利益は平均して25％と低くはないが、販売管理費は18％と高く、営業利益率が低いことである。その要因としては、店舗規模（平均400坪）が小さく規模の利益をあげづらいこと、店舗全体の9割が賃貸で家賃負担が大きいこと、プロモーション活動にかなりの予算を割いていることなどである[14]。そしてついに、自力での再建を諦めてロッテショッピングの傘下に加わったのである。

3. 瀬戸際の電子ランド[15]

家電量販店業界第2位の「電子ランド」は、ハイマートと比べてもかなり

---

[14] ハイマートのヤン・トンチョル（経営企画室部長）とキム・ヒョンギ（同次長）に対する聞き取り調査による（2010年11月、12月）。
[15] 電子ランドのペ・ボンギョン（流通企画部次長）、チョン・チョンヘ（釜山テヨン店副店長）に対する聞き取り調査による（2010年12月、11年2月）。

苦戦している。店舗数は，2010年末時点で112店（直営店86店，百貨店などのテナント12店，デジタル店14店）であるが，近年，3年連続して経常利益がマイナスと業績が悪化している。

政府が日本の秋葉原のような家電専門店の集積を作る計画を発表したことが契機となり，1985年，「ソウル電子流通」が設立された。ソウル電子流通がディベロッパーになり，88年にソウル市龍山区に家電専門店のモール「龍山電子ランド」を開くとともに，モール内に「電子ランド21」1号店をオープンした。ソウル電子流通は，家電流通事業とモール運営事業の2本立てであったが，その後2001年に家電流通事業部門は「電子ランド」として独立している。

多店舗展開は，1995年10号店，99年50号店，2000年60号店，01年70号店と徐々に加速化した。同社の関係者によると，業績悪化の大きな要因は，本章でも度々指摘しているように，生産段階が複占でメーカーの力が強く対抗できないことにあり，特にここ数年はリーマンショックによる家電不況を背景に，メーカーの業績も悪化，その業績改善のためにリベートを減少させたことが電子ランドの業績を直撃している，とのことである。たとえば，10年夏には，エアコンの設置費用（販売価格の4〜5%）につきリベートによる補填がなくなり，すべて電子ランドの負担になった。また，各店舗ではメーカーからの派遣店員が主に販売業務を担うが，派遣店員が一定の経験を積んだ後に管理業務を担う社員に転じることが多いことが，メーカーの影響力を強めることに繋がっている。

現在電子ランドでは，こうした苦境を打開する方策を探っている。まず考えられるのは，高品質の日本製品や低価格の中国製品を取り扱うことであるが，韓国では二大メーカーに対する消費者の信頼が圧倒的に高く，量販店ではサービス提供を十分に行うことができないので，非現実的な戦略といえる。そこで，電子ランドでは取り扱うモデル数を絞り，メーカーから有利な取引条件を引き出し，より低価格で商品を提供することを考えている。電子ランドの2009年の売上高は7,400億ウォンと，ハイマートと比べると3分

の1以下であり，トータルで規模の利益をえることは難しく，同業態間競争でも劣勢にあるので，絞り込み戦略が1つの選択肢になる。物流もハイマートと異なるメーカー依存型であり，大型家電と新製品はメーカー工場から顧客に直送（家庭配送）が原則で，小型家電だけが6カ所（廣州，仁川，大邱，昌原，長水，光州）に設けられた自社運営の配送センター経由となっている。

4. 割引店の家電品販売：ロッテマートのケース[16]

韓国では，総合量販店である割引店の家電品販売のシェアが2割近くを占めている。日本でも一時ダイエーなどの総合スーパーが家電品の取り扱いを拡大したことがあったが，家電量販店との比較において販売管理費が割高である，販売員が少ない，専門知識をもつ販売員が育ちにくい，売場効率が低いなどの理由で，1985年のシェア10%から大幅に後退させている[17]。ここでは，割引店第3位のロッテマートの家電品販売をケースとしてとりあげ，な

図表5-11　割引店ビック3の現状

（単位：10億ウォン）

	売上高		店舗数（国内）	
	2011年	2012年	2011年	2012年
Eマート	7,974	10,940	139	147
ホームプラス	8,863	8,867	284	134
ロッテマート	6,347	6,465	95	103

（注）Eマートの2011年度売上高は5月から12月まで。ホームプラスは2月期決算。
（出所）各社「事業報告書」および「監査報告書」による。

---

[16] 白寅秀（当時ロッテ流通戦略研究所・所長）とカン・ホンソ（ロッテマート家電担当部長）に対する聞き取り調査による（2010年11月）。
[17] 矢作［1991］69頁。

ぜ韓国では総合量販店が家電品販売の地位を維持しているのか解明しよう。

　3位のロッテマートでは，家電品の売上高は全体の8～9％を占めるが，利益貢献度は半分の4％にすぎない。そこで家電品販売のテコ入れを図るために，2009年から大型の「デジタルパーク」（売場面積は500～800坪で従来の2～3倍，品揃え数は約1,000品目）の展開を開始，現在5店舗まで増やしている。韓国の家電メーカーは，差別価格政策，すなわちチャネル別に蔵出し価格を違えており，ハイマートの粗利益が23～24％なのに対し（含む9％のリベート），ロッテマートなどの割引店は13％（含む5％のリベート）とかなりの差がある。ロッテマートでは，この他にプロモーションのために多少の割引を受けているようであるが，家電量販店と比べて仕入価格が高いことには代わりがない。この是正を図ることが，デジタルパークを始めた大きな理由であった。

　2010年8月，デジタルパークとしてはじめて開設された清涼里店では，従業員は32名，うち12名は社員，20名はメーカーからの派遣店員で，販売業務の主力は派遣店員ということであり他の業態と類似している。こうした，派遣店員制度は低コスト経営を特徴とする割引店の家電品販売を支えている要因の1つではある。なぜならば，メーカーからの派遣店員は専門知識をもち，派遣先の業態に拘わらず同じような顧客サービスを提供することができるからである。しかし一方では，割引販売の限界を画し，たとえば，自主的売り場づくりや効果的なイベント企画を難しくしている。

　もう1つ割引店の家電品販売の課題は，メーカーの価格安定政策により，末端の小売価格の鞘が業態間で狭められていることである。現場の関係者によれば，「販売価格については，本部よりメーカー希望小売価格を遵守するよう指示がある。もし指示された範囲を超えて違反をすれば，店舗への納品が遅滞したり，場合によっては入荷をストップされたりするので，価格についての冒険はしないこととしている。店舗としても，割引販売をすれば，それだけ利益が減少するので進んでやろうという考えはない」とのことである。

かつて割引店はメーカーの意向に反して安売りを行ったり，最低価格保証などを実施したりしていたが，現在はおおむねメーカーとの協調路線に転じているようである。しかしながら，業態間の価格差をみると，割引店は総合的品揃えを特徴としているので，その中で家電製品を目玉商品として利用し，一定の価格範囲内とはいえ，競合地域内の最低価格で提供するケースがみられる。大手家電メーカーが，割引店チャネルをいちばん警戒する理由もここにある[18]。またロッテマートは，2011年2月，地方の中規模メーカーに生産委託した低価格薄型テレビ（24インチで30万ウォン）を発売，3,000台を即日完売している[19]。これらのことから判断すると総合量販店が，韓国家電品流通の波乱要因になるかもしれない。

なお，ロッテマートのプロモーション戦略は，日本の総合スーパーと同じように，折り込み広告（チラシ広告）を重視している。総合的なチラシ広告は1週間ごとに，デジタルパークだけのモノは2週間ごとに打っている。また，韓国ではポイントは負債と考える傾向が強いので，ポイントの付与はあまり重視していない。ロッテマートの家電品のポイントは約0.5％と僅かである。

第4節　独占禁止法と消費者利益

韓国で生産者主導型の家電品流通が一貫して優勢なことの背景には，独占禁止法の適用が手ぬるいことがあると指摘される。すなわち，家電品の再販売価格の拘束に対する規制が緩慢で安売り競争を防止することができ，そして国内で好業績がグローバル市場での競争力を支えてきたと論じられてき

---

[18] 現地業界関係者談。
[19] The Korea Herald（2011年2月24日付）。

た。

1. 価格談合のサムスン電子とＬＧ電子に課徴金 446 億ウォン[20]

　2011 年 1 月，韓国公正取引委員会は，洗濯機・薄型テレビ・ノートブックなどの家電製品価格を談合した疑いで，サムスン電子とＬＧ電子に 446 万ウォン（約 30 億円）の課徴金を課した。公正取引委員会は，サムスン電子とＬＧ電子が公正取引法上の価格の共同決定・維持・変更規定に違反したことに対し，サムスン電子に 258 億ウォン，ＬＧ電子に 188 億ウォンをそれぞれ課した。ＬＧ電子の関係者は「リニエンシー（自己申告者減免）制度を利用したので，今回の課徴金全額が免除された」と述べている。

　公正取引委員会によると，両社は電話や面談で出荷価格の引き上げ，販売奨励金の縮小などの方法で，小売価格を最大 20 万ウォンに上げたと判断した。両社が談合で公取委制裁を受けたのは 2010 年以来 2 年ぶりで，両社はキャリア社とともに 07 〜 09 年，光州地方教育庁などにエアコンやテレビを納品しながら価格を談合し，約 200 億ウォンの課徴金処分となっている。このケースはサムスン電子とＬＧ電子は 08 年から 09 年にかけて 3 回談合の場を設け，全自動（10 キロ）洗濯機とドラム式洗濯機（10，12，15 キロ）の 22 モデルの消費者販売価格引き上げまたは維持を決めた。最低価格製品の生産中断，断種モデルの代替製品発売，出荷価格引き上げ，流通網への割引・奨励金または商品券支給の縮小などにも合意した，というものである。

　また，両社は 2008 年から 09 年にかけ 2 度にわたって，薄型テレビの過当競争自制，出荷価格引き上げ，奨励金の縮小などを決めた。そしてこれとともに 08 年，インテルのセントリーノ 2 が搭載された新モデルの発売を控えてノートブック価格も談合した。さらに，ウォン安による赤字をばん回しよ

---

[20] 韓国中央日報日本語版（2011 年 1 月 13 日付）。

うと同年,両社の 141 モデルの消費者価格を 3 万〜20 万ウォンに引き上げた。

両社が談合した洗濯機,薄型テレビ,ノートブックは,メーカー直営店(リビングプラザ,ハイプラザ),ハイマートなどの家電量販店,割引店,百貨店などで販売されたので,各業態間の小売価格のスプレッドを僅少化させてきたのが独占禁止法違反となったのである。果たして,韓国の独占禁止政策はこれらのケースをきっかけに「正常化」されるのであろうか。

2. 日本の再販売価格拘束緩和論

メーカーが流通業者に小売価格を指定する再販売価格の拘束について,経済産業省の「消費インテリジェンスに関する懇談会」が 2013 年 6 月に規制緩和策を提言した。[21] 再販売価格維持行為は不公正取引として独占禁止法が禁じており,公正取引委員会は緩和策を検討していないとしている。

東芝の佐々木則夫副会長は「自動車業界がもうかり,電機業界がもうからないという違いは再販売価格の拘束にある」と提言を評価した。電気製品は量販店で安売りされるが,自動車は系列店を通じてメーカーが希望する価格で販売される。両業界の収益力の違いは海外での競争力を反映した面も大きいが,自動車業界の方が製販連携をしやすいことは間違いない。報告書のなかでは,マーケティングが軽視されマーケティング志向理念が定着していないと指摘され,メーカーは流通業者と協力関係を築いてブランド価値を高める必要性を強調している。公正取引委員会関係者のなかにも「電気製品では消費者のニーズを流通業者が吸い上げ,それをメーカーが製品開発に生かす体制になっていない」と現状を問題視する声がある。[22] さらに報告書は「カル

---

[21] 経済産業省 [2013]。
[22] 日本経済新聞(2013 年 8 月 5 日付)。

テル等の水平的制限行為が排除されており，ブランド間競争が担保されているのであれば，垂直的制限行為に直接政府が介入する必要性は基本的にないと考えられる」と言い切っている。[23]

こうした提言の背景には，第1に，本章でみたように韓国家電小売市場の価格の硬直性がある。韓国家電メーカーは，国内での優越地位を利用した再販売価格維持行為で獲得した利益を元手に，イノベーションを促進し，海外での競争力を強化してきた。市場がグローバル化するなかで，独占禁止政策の国際間の非整合性は競争構造をゆがめている。

第2に，企業行動がもたらす市場競争への効果を消費者利益の観点から評価する経済学的アプローチの必要性がある。懇談会のメンバーのひとりである大橋弘東大教授は「外形的には同じにみえる企業の行為であっても，取引環境によって市場競争への影響が良くも悪くもなりえる。たとえば流通経路の選択を例に取れば，取引先に制限を加えて市場競争を阻害する行為との解釈もできるし，顧客を選別してブランド価値を高める競争促進的な行為とみなすこともできる。取引が消費者利益に与える影響はケースによって異なるために，企業の取引行為を外形的に類型化して違法性を判断するような規制は消費者利益の保護につながらない」と述べている。[24]

第3は，再販売価格維持行為に関して欧米の規制は緩和されてきており，結果として日本だけが突出して制限的な規制となっていることがある。米国

図表 5-12　再販売価格維持行為に関する規制の国際比較

日本	原則として違法（当然違法の原則）。
アメリカ	市場の競争を歪める場合にのみ違法（合理の原則）。
EU	原則として違法だが，新製品の導入促進やただ乗り防止などの観点から消費者の利益に資する場合は違法ではない。

（出所）経済産業省［2013］図表 4-1（51頁）から作成。

---

[23] 経済産業省［2013］54頁。
[24] 大橋［2013］。

では，価格制限行為については当然違法の原則で判断されてきたが，2007年のリージン社による婦人用ベルトの最低価格再販行為を合法とする判決を契機に判例法が変更され，「合理の原則」（rule of reason）に照らして市場の競争を歪めることを競争当局が立証した場合にのみ違法であるとされている。また，ＥＵ（欧州連合）では，イノベーションを促進する観点から，新製品導入促進やただ乗り防止など一定の場合には価格制限行為は例外として合法とされている。[25]

3. 対抗力は幻想か

　生産段階が寡占的構造になると有効競争が行われにくくなる。そうした競争経済の短所を補うべき概念としてガルブレイス（J.K. Galbraith）は対抗力の概念を唱えた。[26] それは小売市場における家電量販店の成長は，大規模製造企業に対する対抗力を形成するので，寡占の弊害を防止し，消費者利益に貢献するという考えである。しかし，日本における家電量販店は，チェーンストア経営の特徴を活かし，有利な集中仕入によって，小売市場における価格競争を激化させた。その結果，家電メーカーは，生産者余剰（producer surplus）が減少して研究開発費が枯渇，生産技術の向上が阻害されているのではないだろうか。

　しかし，チェーンストアの対抗力の発揮と表裏一体の関係にあるのが，マーケティングである。家電メーカーとしては，高級化，個性化する消費欲求を充足させるために，市場細分化政策をとり，特定の部分市場や商圏にターゲットを絞った差別的特徴をもつ商品開発やサービス提供を行い，効果的プロモーションを実施し，ブランド・エクイティを確立しなければならない。

---

[25] 経済産業省［2013］53頁。
[26] Galbraith [1952].

特に日本においては，家電メーカーのマーケティングやマーチャンダイジングが不十分なことが家電量販店の対抗力を強めていることだけは確かである。

4. 生産者主導型ＶＭＳと量販店主導型ＶＭＳ

　本章では，先進国では稀少なケースといえるが，現在でも依然として生産者主導型の垂直的マーケティング・システム（ＶＭＳ）の家電品流通が圧倒的に優勢な韓国の実態を明らかにすることができた。家電メーカーの強さの理由は，なによりも生産段階が複占構造にあり，二大メーカーの圧倒的なパワー資源が，家電量販店をはじめ種々の家電ディスカウンターの成長を抑制してきたことにある。韓国のメーカーは，当初より自らのマーケティング・チャネル網構築に力を注いでおり，家電量販店に成長の萌芽がみられるや大型直営店を導入して全国にチェーン展開し，環境の変化に的確に対応することによって流通主導権の掌握に努めてきた。そうした結果，ブランドイメージの高揚やアフターサービスの重視など効果的なマーケティング戦略と相俟って，現在の状況をつくりだしているといえる。
　圧倒的な生産者主導型ＶＭＳは，小売市場における価格の安定をもたらし，営業利益の確保，研究開発費の捻出などメーカーにとっては種々のメリットをもたらすが，消費者には相対的に高価格での購入を強いることになる。チェンバリンの独占的競争の理論は，生産者主導型の市場を想定してのものであり，日米欧などにおける小売市場主導型の市場では均衡が異なると考えられる。商品のコモディティ化が進んだ市場では，チェーンストア経営の量販店が勢いを増して価格競争が進捗，一般に図表5-13に示されるように，P_1からP_2のように価格は低下するであろう。しかし，再び技術革新によって製品差別化の程度が大きくなれば，生産者主導型の市場に復帰する

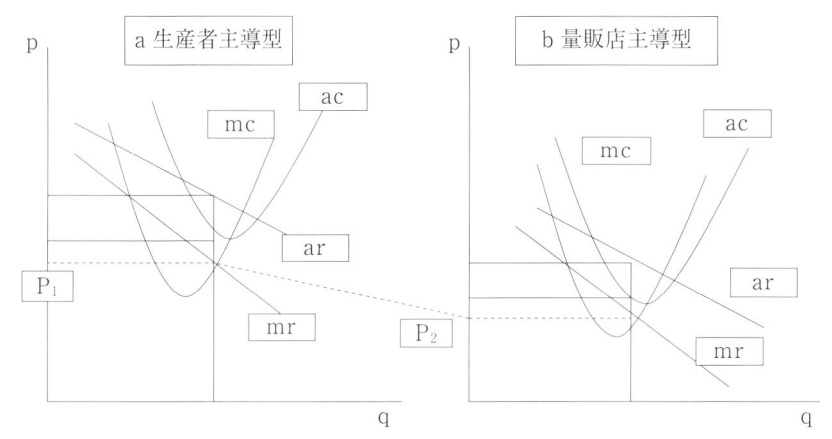

図表 5-13　独占競争の均衡

a 生産者主導型

b 量販店主導型

注）ac は平均費用曲線，mc は限界費用曲線，ar は平均収入曲線，mr は限界収入曲線。

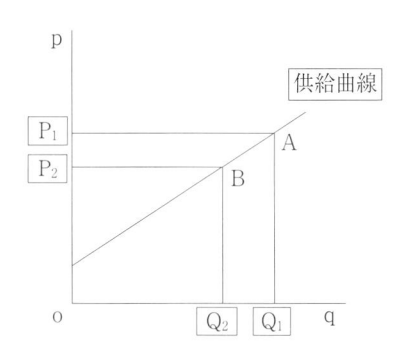

図表 5-14　生産者余剰の減少

ことになる。韓国の家電品市場は，メーカーの技術革新というより，チャネル，サービス，ブランドイメージなどのマーケティング戦略により，生産者主導型の市場が維持されている稀なケースといえる。

　P_1 から P_2 への価格低下は生産者余剰を面積「$P_1 A B P_2$」分だけ減少させ，業績を悪化させる。したがって，当該企業の研究開発費を枯渇し，生産

技術の向上を阻害しイノベーションは遅滞するので消費者の便益も減少することになると考えられる。

141

第6章

日中韓家電品流通の比較分析

　ここではまず，日中韓家電流通を比較する理論的枠組みとして小売競争構造をみてみよう。

　商品が流通する場が市場であり，市場の状態すなわち市場構造が商品の流通方式を規定する。従来市場構造は，主に生産者市場を想定し，中間段階の市場は峻別されず，研究対象としても等閑視されてきた。しかし近年，チェーンストアの普及とともに小売市場の存在感が高まっており，その競争構造が商品の流通方式に大きな影響を及ぼすようになっている。

図表6-1　典型的な流通方式の場合

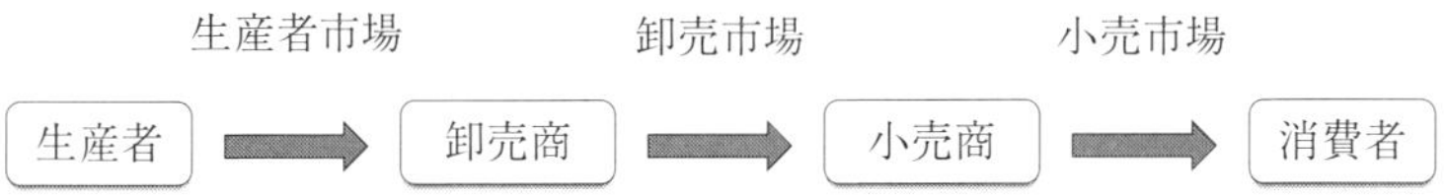

生産者市場　　　　卸売市場　　　　小売市場

生産者　→　卸売商　→　小売商　→　消費者

第1節　小売競争構造の理論的枠組み

　小売市場構造は，異業態間競争，生産者市場から密接な垂直的関係がある

こと，立地に影響が大きいことに特長がある。

1. 小売市場を特徴付ける異業態競争

　小売市場の特徴の1つは，異なる業態間で競争が行われることである。たとえば家電製品は，家電量販店，大型カメラ店，メーカー系列の小売店，総合スーパー，ホームセンター，ディスカウントストア，そして近年ではネットショッピングなどさまざまな業態で扱われており，顧客の愛顧をめぐってお互い競争している。異なる業態間の競争は異業態間競争（inter-type competition，異形態間競争）と呼ばれ，それは価格とサービスのさまざまな水準の組み合わせによる競争であり，小売市場において一物一価が形成されにくい状況をつくりだしている。19世紀中葉の百貨店の登場から，最近のネットショッピングのテイクオフに至るまで，継続的に新たな業態が出現し，こうした業態革新が小売市場を特徴づけている。大都市における人口の絶えざる増加や，電車，バス，地下鉄などの公共輸送機関の発達が百貨店の発展の条件を整え，世界大恐慌がスーパーマーケット登場の背景になり，ＩＴＣ（情報通信技術）の想像を超えた革新がネットショッピングの成長を促したように，社会的，経済的，技術的変化に応じて，現在に至るまでさまざまな新業態が次々に小売の舞台に登場してきている。

　業態（営業形態）とは小売業のマーケティング戦略の特徴により識別され，それは主に顧客との応対方式（店舗販売か無店舗販売か，対面販売かセルフサービス販売か）と品揃え（個性的商品か非個性的商品か，品揃えの幅と深さがどうか）の違いなどによって分類することができる。一般に，各小売業は業態による差別化競争を行っている。

　異業態間競争に関して小西滋人は，ハウアー（R. M. Hower）とホランダー（S. C. Hollander）によるサイクル理論の1つであるアコーディオン説に依拠し，まず，業態革新を品揃え拡大によるものと専門化による品揃え縮小によるものに分け，これら2つの相異なる勢力が無限に変化していくプロセス

を形成するとし,「このプロセスは究極的には,大規模多品種店と,専門店が相互に補いあいながら,魅力的で十分に計画されたショッピングセンターの店舗構成に表現される姿へ近づいていくといえよう」と述べている。また,市場参入が効果的に行われると,品揃え拡大プロセスが浸透して異業態間競争が激化する。他方,専門化のプロセスは店舗の個性,ユニークさを強調するものであり,独占的色彩を濃くするとしている。そもそもアコーディオン説は,小売業界では広い品揃えと狭い品揃えの業態が交代に支配的になるという説であったのに対して,小西説は両者が平行して展開し,小売市場のダイナミズムを形成するという点で目新しさがあった。

　日本の家電小売業についてみると,初期にはメーカーの系列店中心の時代があったが,やがて家電量販店が発達し,専門的品揃えの業態が1990年代までは併存して支配してきた。新しい世紀を迎え,現在は家電量販店が優位な時代が続いている。一方,総合的品揃えの業態では,百貨店や総合スーパーなどで主要な家電品が扱われることもあったが,現在はキッチン家電などに縮小,替わってホームセンターやディスカウントストアで大衆的価格帯の家電品が取り揃えられるようになっている。また,成長著しい大型家電専門店は,ショッピングセンターのテナントとして入居することも増えており,たとえば,2006年にオープンした,現在わが国で最も成功しているショッピングセンターの1つ「ラゾーナ川崎プラザ」(売場面積約8万㎡)のキーテナントはビックカメラである。家電小売業では,広い品揃えと狭い品揃えの業態が交代に支配的になるというアイディアよりも,小西の平行展開仮説の方があてはまるように思われる。

　異業態間競争は小売市場に特有であり,小売競争にダイナミズムを与える。異業態間ではサービス水準が異なるので,一般に,経済学が想定するような一物一価は形成されない。それでは,異業態間競争はどのように展開す

1　小西 [1971] 111-26頁。

るのであろうか。このテーマに関して理論化を試みたのがマックネア（M. P. McNair）の小売の輪の仮説と業態ライフサイクル論である。これらによれば，何らかの革新に基づいて新業態が登場しても，当初は消費者の支持をえられず低迷するが，新型店の特徴が業界で理解されて成長期を迎えると既存業態との間で異業態間競争が活発化する。一般に，新業態は生産者に対し独立的性格を有するものが多く，業界で地位を確立すれば小売市場の独立性が高まる。また，経営形態としてチェーン化すれば，バイイングパワーの発揮やプライベート・ブランド（private brand：ＰＢ，流通業者商標）商品を開発し，寡占的製造企業に対して対抗力（countervailing power）を発揮できる。

しかし，新業態の成功は後発の模倣企業を誘引することから，異業態間競争は同業態間競争に変質し，低価格を特徴にしていた業態はサービス水準を引き上げて格上げ（trading-up），そうでない業態は格下げ（trading-down）を行ったりする。新業態はやがて成熟期に達し，格上げや格下げが次の小売革新の引き金になる。ただし，成熟期に達した業態も新たな改革に成功すれば再び成長期を迎えることができる。

現在，家電小売市場でみるとホームセンターでの家電品の取り扱いは導入期であり，成長期の業態はネットショッピング，競争期は家電量販店，成熟期から衰退期には家電メーカーの系列店が位置するとみることができる。また，家電品のコモディティ化が進み，海外で生産された製品に対する信頼度が高くなったことを背景に，ホームセンターやディスカウントストアでの普及型家電の品揃えが増えている。

そして，ネットショッピングが成長期のサイクルに入ったことで，次のような点で家電品小売市場の競争構造は複雑化している。
① ネットショッピングの普及は，市場をマーケットプレイスからマーケットスペースに変容させて小売業の立地による制約を緩和し，競争を高進させる。
② 消費者の情報の収集と実際の購買場所・時間との乖離をもたらし，家電品の購買行動に大きな影響を及ぼす。すなわち，家電量販店の店頭で

購入しようと考えている商品の機能，品質，デザインなどについて検分し，聞いて，資料を集めて情報を収集するが，実際は自宅のインターネットで価格やアフターサービスなどについて調べ，購入はネットで行う。
③　家電品におけるネットショッピングは，現実店舗をもつヨドバシカメラやヤマダ電機がサイバーモールを開設する場合，楽天が運営するサイバーモールにエディオンやビックカメラが出店する場合，アマゾンのようなネット商業者が自ら仕入と販売をする場合などさまざまである。

さらに，家電量販店は成熟期の段階にあると考えられるが，成熟期の企業はケーズデンキにみられるようにサービス向上により格上げを行ったり，第2章でみたヤマダ電機のように新事業分野や海外市場へ進出したりする。ケーズデンキは，ビジネス誌の調査「アフターサービス満足度ランキング」において，家電量販店部門（ネットショッピングを除く）のアフターサービス満足度第1位を4年連続で獲得している[2]。

最後に，既にみたように衰退のサイクルに向かっているように見える家電系列店でも，新たなビジネスモデルを構築することによって再浮上することができる。高齢化社会をみすえてサービス機能を充実させて成功しているパナソニックの系列店「でんかのヤマグチ」（東京都町田市，2013年3月期売上高13億円）の例もあるが，今後有望な方向性は，組織化と共同化による規模の利益の実現であろう。その方法には，卸売商主宰のフランチャイズ・チェーン（FC）である「アトム電器」（大阪府羽曳野市）や「セブンプラザ」（鹿児島県鹿屋市）などに加盟して本部集中仕入を実現するものと，ヤマダ電機のような大手家電量販店が小商圏をカバーするために展開するFC「コスモベリーズ」に参加をするものがある。FCに加盟する長所としては，チェーンストアと同じ規模の利益が得られるとともに，街の電器屋さんが得意と

---

[2]『日経ビジネス』（2013年8月5日号）。

する地域に根ざしたサービスを提供できることにある。ちなみに，アトム電器に加盟する時の預託金は30万円，ロイヤリティは毎月5万円プラス月商250万円超分の2％となっている[3]。一方のセブンプラザは，1967年，パナソニック（当時，松下電器）系列店として創業，1996年頃からじり貧状態にあったパナソニック系列の「パパママストア」をチェーン化し，本部で一括仕入れして商品を供給するとともに，店舗経営の指導や計数管理などを徹底させている。2013年現在，66店舗，うち直営店は10店舗に達している[4]。

　家電品を扱う業態の新陳代謝が行われ，常に成長期の業態をもつことが異業態間競争を活発化させる。そのためには，生産段階でのマーケティングと技術革新が盛んなこと，流通段階ではＩＴＣを駆使できる企業家精神をもつ起業家が輩出すること，消費者意識が高まり価値ある商品や環境親和的な商品に対する審美眼が増すことなどが必要になる。

　業態ライフサイクル論からみると，成長期には異業態間競争が活発化するので，日本においては今まで家電小売市場は絶えず新しい成長業態が登場しており，消費者に店舗選択の幅をゆたかにするという意味で望ましい展開をみせてきたといえるが，果たして今後はどうであろうか。

2．家電市場の垂直的関係

　小売市場における競争は生産者，卸売商などの川上のマーケティング活動に影響を受けると考えられる。特に生産者の販売チャネル政策，すなわち商業者に対する取引方針として開放的販売制，集約的販売制（intensive distribution），選択的販売制（selective distribution）のいずれを採用するかによって，小売市場における競争の相対的独立性が異なってくる。これらのう

---

[3] 月刊「技術経営編集部」[2008] 213-214頁。
[4] 『日経ビジネス』（2004年3月29日号）。セブンプラザＨＰ（2013年9月）。

ち選択的販売制は，採算のとれない取引先を排除（流通経路の短縮化）したり，あるいは自己のマーケティング政策に特に協力的な卸売商や小売商を選択したりして販売経路を構成（流通経路の系列化）するもので，これを採用した場合に小売市場は大きな影響を受ける[5]。

こうした小売市場の垂直的関係は，ブランド（商標）によっても考察することができる。ブランドは，商品開発の責任の所在である「商業的血統」を明らかにするとともに，商品流通の主導権を誰が掌握するかを示すもので，通常，ナショナル・ブランド（national brand：以下，ＮＢ，生産者商標）はメーカーが，プライベートブランド（以下，ＰＢ）は流通業者がリーダーシップをもつ。市場で独占的競争が行われている場合は，生産者，卸売商，小売商は，それぞれ個別にマーケティング活動を行わないで，いずれかが主導権を握り，他は協力する形を取ることがふつうである。こうした商品流通の主導者はチャネルキャプテン（channel captain, channel leader）と呼ばれ，垂直的マーケティング・システム（Vertical Marketing System：以下，ＶＭＳ）を形成する。ＶＭＳは生産者，卸売商，小売商，（消費者）が１つの統合されたシステムとして構築されたもので，チャネルキャプテンの違いから４種類のＶＭＳがみられ，ＶＭＳ間の競争が行われることになる。

コトラー（P. Kotler）によれば，最近のチャネル動向で最も重要な１つはＶＭＳの発展であり，ＶＭＳはアメリカの消費者市場では支配的な流通形態で，市場全体の70～80％を占めていると推定される[6]。

日本では今まで多くの商品分野で，ＮＢが付された商品流通である生産者主導型の流通やＶＭＳが支配的であったが，近年，チェーンストア経営の発達によって小売商主導型が多くみられるようになっている。たとえばイオンは，2013年度にＰＢ商品の売上高を12年度比４割増の１兆円にする計画を

---

[5] 久保村ほか［1987］226-228頁。
[6] Kotler and Keller［2009］p. 406.

図表 6-2　チェーンストア経営の発展段階

a 量的発展		
b 質的発展	1	非耐久消費財のPB化
	2	耐久消費財のPB化

明らかにしているし，セブン＆アイの 12 年度のＰＢ売上高は前年度比 17％増の約 4,900 億円で，15 年度の売上高見込みを 1 兆円に引き上げている[7]。ただし，チェーンストア経営の発達の段階は次のように分けられ，現在，日本のチェーンストアは，量的発展が多くの分野で行われ，質的発展の第 1 段階である非耐久消費財のＰＢ化が可能になっているが，耐久消費財開発のレベルには至っていない。

　家電専門店のチェーンストアである家電量販店の成長は，21 世紀に入って著しく，首位企業のヤマダ電機は，2010 年のランクは 3 位，売上高は 2 兆円を超え，またエディオンもトップテン入りし，家電小売市場では，量販店としての発展は充分であり，取引条件を有利にするなど小売商主導型の流通を実現している。しかし，生活家電やパソコンなど一部家電品を除いてＰＢ化はあまり成功していない。家電品分野でコモディティ化が進捗すれば質的発展の第 2 段階に移行すると考えられるが，多くの希少資源を要する技術革新が再び加速化すれば移行は難しくなり，また調度品としての機能が重要な家電品ではＮＢに対するブランド信仰の壁を乗り越えるのは難しいであろう。

　家電小売市場を，垂直的関係の視点からみると，次のようなことが理解される。

① 競争は，生産者と消費者の間に漫然と存在するのではなく，中間商人が介在するので，市場は各段階で形成される。抽象的な理解でも，小売

---

[7] 日本経済新聞（2013 年 2 月 23 日付，5 月 3 日付）

図表6-3 日本の小売企業トップテンの推移

(単位:兆円)

	1970年	1990年	売上高	2000年	売上高	2010年	売上高
1	三越	ダイエー	1.82	ヨーカ堂	3.10	セブン&アイ	5.12
2	大丸	ヨーカ堂	1.36	ダイエー	2.91	イオン	5.10
3	髙島屋	西友	1.05	ジャスコ	2.74	ヤマダ電機	2.15
4	ダイエー	ジャスコ	1.00	マイカル	1.72	三越伊勢丹	1.22
5	西友	西武	0.99	髙島屋	1.19	ユニー	1.11
6	松坂屋	三越	0.87	ユニー	1.17	J.フロント	0.95
7	西武	髙島屋	0.77	西友	1.07	ダイエー	0.91
8	ジャスコ	ニチイ	0.71	三越	0.97	髙島屋	0.87
9	ユニー	大丸	0.61	大丸	0.79	エディオン	0.90
10	伊勢丹	丸井	0.57	伊勢丹	0.59	ユニクロ	0.81

(注) 網掛けはチェーンストア。
(出所) 『日経MJ流通経済の手引』各年,から作成。

　市場が生産者市場の強い影響化にある状況ではあまり問題は生じないが,家電量販店が成長し,小売市場の独立性が高まるとその競争構造がメーカーのマーケティング戦略に大きな影響を及ぼすので,垂直的な市場構造の認識は重要になる。たとえば,日韓の家電品流通の比較分析には小売市場の独立性の強弱が大切なポイントになる。

② 　小売市場は生産者市場と異なり,異業態間競争を特長とする。今まで日本の家電小売市場では常に成長期の業態をもっており,異業態間競争が活発に推移していたので,消費者にさまざまなサービスと価格水準を組み合わせた幅広い選択肢を提供している。この点で中国や韓国とは対照をなしている。

③ 　家電品を扱う大規模小売商が成長し,寡占的製造企業に対する優越的地位を形成している。日本は韓国と異なり,たとえば薄型テレビでみると,生産者市場には主なブランドだけでおよそ10社もある競争的で,大型店がパワーを発揮しやすい状況にあり,ＰＢ化が進んでいないにも

かかわらず小売商主導の流通が形成されている。こうした小売商主導型流通は，寡占構造の弊害を除去し，消費者の経済生活の向上に資すると考えられていたが，近年の状況からみて，メーカーの研究開発費やプロモーション費用を枯渇させる可能性が指摘されるようになっている。

④ 非耐久消費財分野では，コモディティ化とＰＢ化は多少時間的ずれがあるとはいえ，並行的に進捗すると考えられる。しかし耐久消費財では事情が少し異なる。たとえば家電品の薄型テレビ分野で，通常タイプの液晶テレビなどではコモディティ化が進んでいるにしても，液晶パネルの精度などに関しては差がみられるのが現状であるし，４Ｋテレビ，有機ＥＬテレビ，スマートテレビなどの技術革新が行われ，テイクオフする可能性を常に秘めており，流通業者によるＰＢ化に限界を画している。また，日中韓いずれの消費者をとっても，ＮＢに対するブランド信仰にはかなり厚いモノがあり，大手家電量販店とはいえメーカーブランドの壁を乗り越えるのはかなり難しい。この意味では大手家電量販店といえども，真の意味で，寡占的家電メーカーに対する対抗力を形成しているとはいえない。反対にメーカー側からみると，消費欲求を踏まえた差別的特徴をもつ製品開発の重要性は高まっているわけである。

⑤ 生産者市場と小売市場という垂直的関係をみると，前者においては寡占構造になると競争制限や小売市場での価格拘束などの弊害がみられ，後者では家電量販店のパワーが高まると優越的地位の乱用などの問題が惹起する。これらを如何に防止してバランスをとって有効競争を促進していくのかが重要な政策課題となろう。

3. 立地と小売市場

よく言われるように小売業にとって最も重要な財産は立地，立地，そして立地である。立地さえ勝っていれば，たとえ他の戦略で劣っていても競争に勝つことは可能であるとさえ考えられる。ゴーシュ（A. Ghosh）とマッラフ

ァティ (S. L. MaLafferty) は「小売店が立地することによって，潜在的顧客は商品やサービスが利用可能になる。立地がよければ顧客の接近を容易にし，顧客を多く吸引することができ，小売店の売上見込みを引き上げる。特に競争的な状況では，ちょっとした立地の違いがシェアや利益率にかなりの影響を及ぼす。最も重要なことは，店舗立地は長期にわたる固定投資なので，悪い立地の劣位性は克服困難である」と述べている。[8]

　小売業の立地に関する研究には，「集積の理論」，「中心地理論」，「小売引力の法則」などがある。集積の理論 (agglomeration theory) は最小差別化の理論 (principle of minimum differentiation) ともいわれ，たとえば西欧の都市中心地では家具店，靴屋，デザイナー・アクセサリー店などが，イスラム諸国のバザールやスークでは香辛料，肉類，コーラナッツなどを商う店舗が特定地区に集積する傾向がある。[9] そしてわが国でも，東京の秋葉原，大阪の日本橋，中国では家電城，韓国ではソウルの龍山区などに家電店が軒を並べている。集積の理論はこのように類似した小売店の集積傾向を説明するものである。こうした同業種の集積傾向を，浜辺のアイスクリーム屋さん2店舗を例にとり理論的に解明しようとしたのがホテリング (H. Hotelling) である。

　ホテリングは「競争の安定性」についての論文のなかで，輸送コストが一定，需要は極端に非弾力的，価格プラス輸送コスト以外ではいかなる選好をもたず，かつ効用を最大化しようとする消費者が均等に分布する線形市場で同一商品を販売する，利益を極大化しようとする2つの小売店が商売をするという非常に制限的仮定のもとにおける均衡を示した。それはどちらの小売店も価格変更によって利益増加ができない場合に均衡は存在するとし，一方の売手が自由に立地を変更できれば，線形市場の長い側にもう一方の売手が隣接して開店すれば，自己の後背地，さらには利益を極大化するとし，非共

8　Brown [1989] p. 450.
9　Brown [1992] p. 67.

謀的複占競争における価格安定性を証明している。[10]ホテリングの仮説は立地の最少差別化の理論として知られ，2つの小売店の競争は共謀によらず，集積によって均衡が達成されるとし，小売業の集積傾向を論じている。

こうした商業集積を含めた中心地の位置，規模，性格などの地理的構造を扱うのが中心地理論（central place theory）である。そもそも中心地とは種々の行政機関，工場，事務所，小売店舗，交通機関などさまざまな文化施設が集積していて，周辺地域から人々が集まってくる地域であるが，小売業も中心地の位置，規模，性格に応じて集積するのである。一般に，大都市など小売施設が豊富に存在するところでは，各集積の商圏（trading area）は重なり合い，上位，中位，下位の集積というように階層性（hierarchy）をもつと考えられている。

これに対して小売引力の法則（law of retail gravitation）は商圏構造を分析するものである。たとえば，そのなかのハフ・モデルによれば，i 地区に住む消費者が，利用可能な買物施設数 n のなかで，買物施設 j を選択する確率 P_{ij} は，j のもつ効用に比例すると想定すると，次のように表せる。

$$P_{ij} = (S_j / T_{ij}^\lambda) \Big/ \sum_{j=1}^{n} (S_j / T_{ij}^\lambda)$$

ただし，S_j は買物施設の売場面積，T_{ij} は i 地区から買物施設 j 間までの時間距離，λ は時間距離が買物に及ぼす影響は商品の種類により異なることを反映させるためのパラメータである。このモデルの特徴は買物施設の効用は売場面積と時間距離によって決定されると単純化されている点である。売場面積が拡大すれば効用は増加し，選択確率は高くなるが，時間距離が大きくなれば効用が減少し，選択確率は低くなる。

---

[10] Hotelling [1929] pp. 41-57.

こうした商圏の大きさ，すなわち小売市場の空間的範囲は，ハフ・モデルから理解されるように，大規模な集積の商圏は広く，上位の商業中心地を形成する。一方，規模が小さくなるに従って商圏は狭くなり，順次中位，下位の中心地を形成することになる。かつて家電小売店も，秋葉原のように日本だけでなく世界に名をとどろかせた大集積があったが，その後はまちはずれ，郊外，駅前など立地が多様化し，家電品でみる限り中心地体系は崩れている。しかしハフ・モデルを援用すると，まちはずれ立地のテックランドというビジネスモデルを構築したヤマダ電機が，ヨドバシカメラと同じような「駅前」「巨艦」「巨砲」主義に転じたのは，時間距離を縮め，売場面積を拡大し，品揃えを増やして買物施設としての効用を高める戦略を採用したからであると説明することができる。

　以上のように，立地と小売市場構造との関係を直接扱った研究はほとんどなく，立地が競争構造に及ぼす具体的な影響に関しては今までのところほとんど明らかになっていない。それを解明する鍵は，次の問題をどう扱うかにかかっていると思われる。

① 　小売業の立地に関する枠組みは都市計画（まちづくり）によって外生的に与えられるものである。小売業はいわばそうした「土俵」のなかで特定の立地を占有し，公正かつ自由な競争を行うことが求められる。わが国の土俵づくりは欧米の先進国と比べると不十分であり，それだけ立地に関する自由度は高い。中国と韓国も，事情は異なるがゾーニング規制が同様に緩慢で乱開発がしやすい状況にある。

② 　小売市場は都市計画の他に種々の社会的要因の変化によっても大きな影響を受ける。たとえば，モータリゼーションが進展すれば，自動車を利用する買物客が増えるので，小売市場地理的範囲が広がり，個別店舗の立地の善し悪しも変化する。

③ 　小売市場の競争は都市間競争，集積間競争，店舗間競争というように段階的に捉えることができる。しかし，消費者の選択は必ずしもこの順番で行われるとは限らず，特に家電品の場合は集積の選択に先行して店

舗選択を行うことが多いと思われる。
④　家電品のネットショッピングが成長し，財産としての立地の重要性を低下させている。消費者が家電品のネットショッピングをどの程度利用しているのかということに関する正確なデータはないが，経済産業省の調査によると，2011年の電気製品等小売業（電気製品だけでなく，自動車・パーツ，家具・家庭用品も含まれる）のＥＣ化率，すなわち，電気製品等のネット販売比率は4.08％であり，まだそれ程大きくはないが着実に伸びており，ＩＴＣの高度化を考慮すると，今後比率の大きな上昇が予想され，小売競争構造に大きな影響を及ぼすと考えられる。
⑤　家電小売市場のＥＣ化は，小売業の立地の制約を緩和して競争空間を拡大する。また，ネット利用により情報の非対称性は解消され競争を高進させるし，消費者の購買プロセスは変化する。たとえば，薄型テレビを購入しようとする場合，まずインターネットでショッピング・サイトや家電メーカーのＨＰなどをみて選択肢のリストをつくり，次いで家電量販店を訪れて現物をみたり店員さんからの説明を受けたりする。そして，自宅に戻り，パソコンに向かい価格比較サイトやアフターサービス条件を検索して，注文をする。こうした消費者行動の変化は，マーケティング戦略の変化を迫ることになる。

図表 6-4　電気製品等小売業の市場規模の推移

2009 年		2010 年		2011 年	
EC 市場規模	EC 化率	EC 市場規模	EC 化率	EC 市場規模	EC 化率
9,460 億円	2.81％	12,220 億円	3.47％	12,460 億円	4.08％

（注）電気製品等小売業には「自動車・パーツ」・「家具・家庭用品」・「電気製品」小売業が含まれる。
（出所）経済産業省「平成 23 年度我が国情報経済社会における基盤整備（電子商取引に関する市場調査）報告書」。

第2節　日中韓家電品流通の比較

　本書ではコックス（R. Cox）の社会制度としてのマーケティングの国際比較方法論の理論的検討を1つの出発点にしている。そのなかで社会主義国の中央集権的計画経済では，マーケティング・チャネルにおいて段階的な所有権フローがみられないとしているが，市場経済か計画経済かは二者択一ではなく連続線上に位置づけられる。中国は，1990年代以降，中央主権的な政治体制を堅持しながら市場経済化を進めてきており，家電品流通を切符制や国有卸が支配していた時代は終焉し，家電品流通は大きく変化している。一方，韓国の家電メーカーは国内では強固な流通システムを築くとともに，近年，グローバル市場でプレゼンスを急速に増しつつある。

　ここではまず，日本の家電品流通の特長を小売競争構造の視点からみていこう。

1. 家電量販店主導の日本

　日本の家電小売市場の特長の1つは，メーカー系列店，総合スーパー，家電量販店，ホームセンター，そしてネットショッピングなど次々に新業態が登場し，成長し，異業態間競争が活発なことである。価格を重視したショッピング行動をとる消費者が増える一方で，高齢者はサービス機能が充実している地域の電器屋さんを利用するかもしれない。この点で日中韓のなかでは，消費者の業態選択肢がいちばん豊かである。アフターサービスに関してみると，中国や韓国ではメーカーが排他的サービスのネットワーク網を形成しているのに対し，日本では小売業がメーカーのサービス網を利用できる慣行が一般化していることも，家電量販店の発展に寄与している。中韓の排他的サービス網は，海外家電量販店による中韓市場への進出に対して大きな障害になっている。

第2特長としては，家電量販店の急成長により価格競争が激化していることが挙げられる。たとえば，液晶カラーテレビの新発売の頃「成長期を迎えることが出来るかどうかは，1インチ当たりの単価が1万円を切れるかどうかが鍵になる」と言われたが，ケーズデンキのチラシ（2013年9月20日）をみると，シャープ40インチのＬＥＤハイビジョンテレビが59,800円と1インチ当たり1,500円を切っている。

　価格競争には亢進性があるため，一時的に売上が増加するにしても，競争企業も追随し，結局は利益率の低下による業績悪化，そして家電メーカーの研究開発費の枯渇を招いている。これまでは小売主導型流通システムが主導的になり，家電市場の独立性が増すと，生産段階の寡占の弊害を除去し，消費者福祉を増進すると考えられていた。しかし日本における家電市場の価格競争の激化は消耗戦の様相を呈し，生産段階では技術革新が停滞し，小売段階ではサービスの低下など価格競争の弊害が一部で顕在化している。現在，ガルブレイス（J. K. Galbraith）の対抗力の理論仮説に代わる概念が求められている。

　家電品流通の主導権がメーカーから家電量販店に移行した背景には，生産段階における競争的市場構造，技術革新の停滞，技術の海外流出，海外企業のキャッチアップなどによって，主要家電製品のコモディティ化が進んだことがある。こうした状況から脱出するためには，家電メーカーが技術革新によって差別的優位性をもち，競争企業が3年くらいはキャッチアップできない「ダントツ製品」の開発とブランド力の強化が必要であるが，そう容易なことではない。薄型テレビでみるとメーカー各社は，バックライトを必要としない有機ＥＬテレビ，広い視野角をもつＩＰＳ液晶テレビ，フルハイビジョンの4倍の画素数（解析度）をもつ4Ｋテレビ，残像感を軽減する倍速液晶テレビ，インターネットが利用できる多機能型のスマートテレビなどの製品開発を行っているが，どの選択肢が有望であろうか。

　価格競争を緩和する方策のもう1つは，Ｍ＆Ａによる寡占の高度化である。実際，家電量販店業界では，家電量販店の業績悪化を背景にＭ＆Ａの第

二幕が開き，現在，ＮＥＢＡ系，非ＮＥＢＡ系，そしてカメラ系も巻きこんだ横断的な業界再編成が進行中である。さらに，メーカーや量販店が，飽和した国内市場を飛び出して海外進出に成功すれば，国内市場での競争圧力は弱まると考えられる。国内市場が飽和し，これ以上の成長が望めないとすれば，海外市場への進出が有力な選択肢になる。しかし日系家電企業のグローバル化は，メーカーや量販店にかかわらず苦戦が伝えられている。

　第3に，立地についてみると，少し前までは郊外立地の中型店タイプのヤマダ電機と駅前立地の大型店のヨドバシカメラやビックカメラなどの棲み分けがなされていたが，ヤマダ電機も駅前立地の大型店に出店戦略を変えたことから，繁華街での家電品競争が激化している。たとえばＪＲ新宿駅の周辺には，主な家電店だけでもヨドバシカメラが2店舗（西口本店，マルチメディア新宿東口），ビックカメラ3店舗（新宿西口店，東口駅前店，ビックロ店），ヤマダ電機2店舗（ＬＡＢＩ新宿西口館・東口館）と7店舗が集まっている。

　また，家電のネットショッピングは業態ライフサイクル論の成長期に入っており，異業態間競争が激化する一方，立地の制約は緩和されている。

2. メーカーと家電量販店がチャネルキャプテン争いをする中国

　中国の家電品流通は複雑であり，その特長を要約することは難しい。その理由は，家電産業の発展が急速なために，今まで先進国が辿ってきた軌跡とはかなり異なる展開をみせている，中国市場は広大で大都市と地方都市での市場構造や家電品の普及状況がかなり違う，家電メーカー数が非常に多く製品ラインの総合化が遅れている，同一メーカーでもマーケティング・チャネルは各ラインのブランド力の高低により異なることが多い，計画経済時代に家電品の中間流通を担っていた三段階の国有卸は時代の変化に対応することができなかったので，新たに商流や物流を構築しなければならなかったことなどによる。

大都市（1・2級都市）の異業態間競争をみると，小売段階では家電量販店が過半数以上のシェアを握っていることが多いが，百貨店，総合超市（総合量販店）でも家電品を扱っているし，新たに家電専売店の展開も見られ，また京東網上商城のような家電品を得意とするネット企業も育ってきているという点では，一応構成メンバーは揃っているといえる。しかしながら，蘇寧雲商や国美電器などの家電量販店の実態は場所貸し業であり，店内で店舗を構えているのはメーカー直営店か当該地域のメーカーの特約店が出店する店舗である。したがって中国の家電量販店は，家電品のショッピングセンターであり，売場はメーカーごとに区切られたブースの集合体で，販売するのもすべて派遣店員である。
　こうした中国流のビジネスモデルは，百貨店や総合超市の家電品売り場も同様であり，業態は異なっていてもサービスや価格水準の組み合わせに現状では大差がない。とはいえ近年家電量販店の存在が大きくなるにつれ，特定期間，特定メーカーの廉価販売を仕掛けるケースが増え，協賛するメーカーにとっては悩みの種になっている。そこで，いくつかの大手メーカーは大都市部でアフターサービス機能を備えた新たな専売店の構築に乗り出している。もともと中国では，家電メーカーは製品ラインが狭く総合家電メーカーの形成が遅れ，流通系列化が非常に限定的だったことが，家電量販店の急成長を招いたと考えられる。こうした環境で，はたして近代的専売店を成功させて，家電量販店のパワーを抑制することができるであろうか。
　地方都市や県レベルでは，事情はかなり異なる。たとえば河北省の唐山市では，都市部では大手家電量販店の出店がみられるが，国営百貨店をルーツにする大型店がまだかなりのシェアをもっているし，県部では卸売商と小売商の巨大な集積のなかで小規模な電器屋さんが複数のブランドを併売しているケースが多い。また第3章で紹介したように，地域家電チェーンの勃興もみられる。たとえば江蘇省，揚州市を中心とする地域チェーンの「滙銀家電」のように，3・4級都市の立地に適した事業展開，すなわち直営店と加盟店とを組み合わせて，ブランド代行，サービス提供，ターゲット販売，ネ

ット販売を行うなどして，当該市場のトップに立っている。

　異業態間競争は，メーカーのチャネル戦略からみるとマーケティング・チャネル戦略と関連する。たとえば中国トップ家電メーカーのハイアールでは，分公司（販売会社）を用いた多元的マーケティング・チャネル戦略の方式を採用している。すなわち，1・2級都市では主に家電量販店と総合小売業が中心であるが，一部で近代的専売店網を構築，3・4級都市では伝統的専売店や併売店を利用している。

　次に，家電品流通の垂直的関係をみてみると，生産者市場も小売市場も競争的である。かつてテレビのメーカー数はおよそ200社あったと言われ，現在でも大手薄型テレビメーカーだけで6社もあり，しのぎを削っている。大都市の小売市場では，家電専門店チェーンが売上高や小売業ランキングなどの数字で見る限り確かに発達しているが，たびたび指摘したように，チェーン経営形態のオペレーションが不十分であり，量販店主導型の家電品流通が主流になっているとは言えない。また小売市場構造は，広大な中国にあってはかなり多様な地域性をもっていて，一概に描写することは困難であるが，いずれにしても家電メーカーと家電量販店のどちらも主導権を持っているといえず，パワーが均衡していると捉えるのが妥当と思われる。

　小売業にとって最も重要な財産は「いい立地」といわれるが，社会主義国の中国では土地そのものの所有と管理を政府が行っているので，「いい立地」の使用権を獲得するには政治力が必要になる。たとえば，河北省唐山市の商務局は，2005年，「商業発展マスタープラン」を策定，そのなかでゾーニングを行い，大型店の出店は「繁商区」と「次繁商区」に限定したが，「企画局」は遊休国有資産の売却による資金融通の都合から，これらの地区以外の用地の土地使用権を，ある外資大型店に売却している。その外資系大型店は，不動産会社と協力して政治力を発揮したわけで，時をおかず出店に漕ぎ着けている。唐山市の一番店の百貨大楼，三利百貨店，八方購物広場の土地使用権獲得プロセスの詳細を明らかにすることはできないが，現在「いい立地」の国有企業の跡（地）で営業していることから判断すると，政治との関

連性がかなりあったと推測される。国有から民営への経営形態の変更にしても，いかにして柔軟に政府と良好な関係を維持するかということが重要になる。[11] いずれにしても，韓国も含めて東アジアは欧米社会と比較すると，社会規範としてまちづくりの優先度は低く，大型店出店の自由度は高いと言える。

中国でも家電品のネットショッピングがテイクオフしており，立地の制約は軽減されるとともに，家電品の消費者行動も変化している。

3. 家電市場を支配する韓国二大家電メーカー

韓国経済は1960年代から急成長したが，70年代になると，鉄鋼，石油化学，造船，産業機械など重化学工業の発展に重心を移した。重化学工業は高度な技術と多大な資本を必要とするため，政府は企業に対して低利融資や租税減免など手厚い優遇措置をとった。こうした支援施策が政府と企業との結び付きを強め，企業側は「特恵」を梃子に急速に事業の多角化を進め，やがて家族による直接経営を特長とする「財閥」が形成し，現在でも韓国経済発展の大きな原動力になっている。

韓国公正取引委員会が公表している大財閥資産額上位企業集団のなかで現・元公営企業を除いた上位10グループのサムスン電子，現代自動車，ＳＫ，ＬＧ電子，ロッテ，現代重工業，ＧＳ，韓進，ハンファ，斗山は，各グループとも中核事業である電子，自動車，情報通信，化学，石油精製などが好調で，順調に事業規模を拡大した。その結果，製造業の売上高に占める10大財閥の割合は2007年の35％から2010年は41％へと上昇した。[12] また，新聞の報道によると，韓国財閥10社の売上高総計はＧＤＰの76.5％に達する。[13]

---

11 関根［2007b］25頁。
12 阿倍［2011］。
13 韓国中央日報（2012年8月27日付）。

韓国経済のもう1つの特長は，財閥支配と結びついた主要産業における高度寡占である。製鉄ではポスコ，自動車では現代自動車のガリバー型寡占であり，家電メーカーは高度寡占の1つである複占構造にある。こうした生産段階の高度寡占は，独占禁止法の運用が厳格に行われなければ，小売市場は生産者市場の写真相場になり，生産者主導型のVMSが優勢になる。

韓国では，先進国では珍しく生産者主導型のVMSの家電品流通が圧倒的に優勢である。家電メーカーの強さの理由は，なによりも生産段階が高度寡占状態にあり，圧倒的なメーカーのパワーが，家電量販店をはじめとした種々の家電ディスカウンターの成長を抑制してきたことにある。韓国メーカーは，当初より自らのマーケティング・チャネル網構築に力を注いでおり，家電量販店成長の兆しが現れると大型直営店を導入して全国チェーンを展開し，環境の変化に的確に対応することによって流通主導権の掌握に努めてきた。また，ブランドイメージの高揚や排他的なアフターサービス網確立などの戦略が，メーカーの立場を強固にしてきた。したがって韓国の家電市場は，日本などと比べると国内での生産者余剰が非常に大きく，国内での「稼ぎ」がグローバル・マーケティングの推進力になっているといえる。

家電品はメーカーの代理店や大型直営店がチャネルの中心とはいえ，ハイマートなどの家電量販店，ロッテや新世界などの百貨店，Eマートやホームプラスなどの割引店（総合量販店）などでも扱われているので，外見的には異業態間競争が行われていることになるが，店舗差別化競争という点ではあまり実態性がない。いずれの業態でも，メーカーの派遣店員が販売し，売場の品揃えや店頭価格などの主要な意思決定はメーカー側が行っているので，買い手に豊かな選択肢を提供しているとは決して言うことはできない。

ところで大型店の立地に関しては，日本や中国と同様に自由度は非常に高い。1989年，ソウル市内に集中している首都圏の機能と人口を首都圏外部へ分散させ，一方では首都圏外部からの人口流入を抑制することを基本戦略とした新都市開発の建設計画が策定された。1990年代にはいると，政府はソウル市の人口と都市機能を維持するため，ソウル市中心から20km圏で，

通勤時間1時間以内に位置する高陽市一山，城南市盆唐，富川市中洞，軍浦市山本，安養市坪村などの新都市建設を行った。人口の移動が進捗するとともにそこを商圏とするEマート，カルフール，ウォルマートなど内外の割引店が次々とオープンしていった。現在，外資系総合量販店はほとんど撤退したが，新都市を含む郊外にはEマート，ホームプラス，ロッテマートなどの割引店とともに，量販系やメーカー系の家電大型店が多く出店するようになっている。

　韓国の地方都市のまちづくりでみられるもう1つの傾向は，副都心づくりである。たとえば，全羅南道の広域都市である光州市（人口およそ140万人）の中心市街地（道庁と市役所に挟まれた忠壮路，錦南路一帯）は，生活圏の中枢機能を担っていたが，2004年，市役所が「尚武副都心」の新庁舎に移り，翌年には道庁が港町の木浦市に移転した。尚武副都心は光州市の郊外に新たに開発された格子型道路網を整備したもので，業務，文化芸術機能を重視しており，また大型店を中心とした多様な商業施設もオープンした。光州市ではこの他にも副都心づくりを進めているが，その結果，商圏の分散化が起こって中心地機能が低下し，一部では空洞化が進んでいる。[15]

　韓国の家電大型店の立地について，日本と比べると次のような特長がある。第1に，一極集中のソウルの公共交通機関は地下鉄であり，地下鉄駅には駅前広場という概念がもともとないので，駅前に商業施設が集積する現象はあまりみられない。日本のようにJR新宿駅周辺に，巨艦店が7店舗も集積することはないし，そもそも家電品以外の豊富な品揃えを行っている「巨砲店」はまだ存在しない。第2に，韓国の家電大型店の多くはヤマダ電機のテックランドのようにまちはずれに立地している。たとえば釜山では，中心地と海雲台の間の国道沿いに，競合するハイマート，LG電子とサムスン電

---

[14] 韓国土地公社［1997］874頁。
[15] 関根［2007a］68頁。

子の直営店が3店舗軒を並べて，消費者の比較購買の便益を提供しており，これも日本ではお目にかかれない光景である[16]。

　第3に，家電品売場をもつ流通企業グループの立地戦略が特異である。一例をあげると，韓国鉄道公社（国鉄）と地下鉄が交差するターミナル駅の1つに清涼里駅があるが，その駅（周辺）ビルには，同じ流通グループのロッテ百貨店とロッテマートの2業態が出店しており，ロッテ百貨店にも家電品売場があり，ロッテマートは家電品売場「デジタルパーク」を展開している。薄型テレビや白物家電などの製品仕様は若干異なるとはいえ，基本的には取扱商品や価格帯などが類似している。

第3節　欧米の状況

　ここでは日中韓家電品流通の比較分析を，グローバルな視野のなかに位置づけるために欧米の家電品流通の状況も簡単にみてみよう。

1. アメリカはベスト・バイ

　アメリカは，流通近代化や小売業態のイノベーションでは先進的な役割を果たしてきたが，家電量販店も先行して登場，発展し，サーキット・シティとベスト・バイの二大チェーンを形成するようになった。

　サーキット・シティは，家電小売業に初めて大型ディスカウント・ストアの業態を導入した企業として知られるが，1949年，ウォーズ・カンパニーとして開業している。その後80年代にはいると，多店舗展開を始めた。出店戦略は出店コストの安い立地に小型店舗を増やすもので，低コスト経営，

---

[16] 関根［2013］13頁。

低価格訴求を特徴とした。そしていち早く導入したＰＯＳシステムが高い競争力をもたらし急成長，90年代には，家電量販店として売上ナンバーワンになった。しかし2001年にライバルのベスト・バイに首位の座を奪われて以降，サーキット・シティの業績は悪化の一途を辿り，08年11月に連邦破産法11条の適用を申請し，事実上破綻した。サブプライムローン破綻をきっかけに個人消費が冷え込み，販売不振が続いたうえに，信用収縮のあおりでメーカーから支払い条件を厳しくされ，資金繰りが悪化したことが直接の契機となった[17]。経営破綻の背景には，不適切な出店戦略，ＰＯＳシステムのバージョンアップの遅れ，ウォルマートなど総合量販店による家電品販売の攻勢，事業多角化の失敗などがあったと指摘されている。

現在，アメリカの家電量販店業界で独占状態にあるのはベスト・バイである。ベスト・バイはミネソタ州ミネアポリスに本社がある世界最大の家電量販店で，フォーチュン100にも選ばれている。2012年の売上は前年比10.4％増の50,705百万ドル（約4兆6,000億円，欧の電話ショップチェーンなどの売上も含む），米家電市場のほぼ3割を占める。ベスト・バイの店舗数は国内は1,056店舗で，海外店舗はカナダの72店舗だけで，中国などからは既に撤退したが，この他に中国には06年に株式の過半数を取得した「江蘇五星電器」の211店がある[18]。

ベスト・バイは，1966年，リチャード・シュルツらによってセントポール市で設立されたオーディオ機器専門店「サウンド・オブ・ミュージック」が前身である。83年，最初の大型店を開設し，社名を現在のベスト・バイに変更した。85年，ナスダックに上場，93年，サーキット・シティにつぐ第2位に躍進，2001年にはついに家電量販店で全米一の座を獲得した。03年には上海に調達事務所を開設し，フォーブス誌の「カンパニー・オブ・

---

[17] 日本経済新聞（2008年11月11日付）。
[18] ベスト・バイ年次報告書（2012年）。

ザ・イヤー」に選ばれている。06年，江蘇五星電器を買収し外資家電小売業として初の中国進出を果たし，07年には上海市第2の繁華街・徐家匯に1号店をオープンしたが，現在は既に撤退している。

日本では，07年，ケーズホールディングスと提携し，ＰＢ商品「ロケットフィッシュ」を販売している。ベスト・バイにとって，ライバルのサーキット・シティは事業清算によって消滅したが，一方で総合量販店（スーパーセンター）のウォルマートが強力な競争相手として浮上している。最近，世界最大の小売業であるウォルマートは家電品の販売に力を注いでおり，家電品販売ではベスト・バイに次いでいる。ＮＢ商品の割引販売とともに，液晶テレビ「エマーソン」（日本の船井電機などに生産委託）などのＰＢ商品の開発をするとともに，ファブレス企業・ビジオ製品の主要な販路にもなっている。ウォルマートの成長は，玩具のカテゴリーキラー（安売り専門店）の経営を圧迫し，サーキット・シティ破綻の大きな要因の1つになった。専門的品揃えの業態と総合的品揃えの業態が交互に支配的になると言う「アコーディオン仮説」に照らすと，専門的品揃えの業態の時代から総合的品揃えの業態へ移行する兆候が，アメリカで顕在化しつつあるとの見方もできる。

2. 国境を越えるヨーロッパ

一方，ヨーロッパの家電小売業は，ドイツのメトロ・グループのメディア・マルクト／サターン，イギリスのディクソンズ（ＤＳＧＩ），ＫＥＳＡエレクトリカルズの3グループに属する小売チェーンの販売額合計が3,000億ユーロ，市場のほぼ55％を占め，国を跨いで寡占的市場構造を示している。[19]しかし一方で，ヨーロッパでは家電メーカーは，日本や韓国と比べると総じて振るわない。たとえば，ドイツの家電メーカーは，1970年代に急速

---

19 薄井［2008］184頁。

に衰退している。その理由は，海外市場の開発の遅れ，技術開発，特に生産技術への投資が遅れたことなど経営上の意志決定の誤りが大きかった。その結果，市場や技術開発に投資すべき資金の蓄積もなされなかったのである。[20] こうした背景には，60年代以降，共同仕入組織の発達，70年代には日本メーカーのドイツ市場進出の活発化，家電量販店の登場などによる小売業のバイングパワーの拡大，流通業者のメーカーの支払期限が悪化，小売価格の低下などがある。

　もともとドイツでは，日本のような生産者主導のＶＭＳが発達していなかったこともこうした傾向を促進した。メーカーがマーケティング・チャネルの系列化を行わなかったこと，および家電量販店の成長が早かったことが，家電メーカー衰退の大きな要因といえる。もっとも，戦後処理で東西ドイツに分割されたことも大きな影響を及ぼしていると考えられる。メディア・マルクトは，1979年，ドイツのバイエルン州ミュンヘンに初めて大型の家電店を開業し，広範な品揃えと低価格で消費者の支持を集めていった。1879年創業の老舗百貨店であるカウフホフは，家電専門店チェーンのコンセプトに関心をもち，1988年，メディア・マルクトの株式54％を取得した。2年後の90年に，今度はメディア・マルクトがサターンを買収し，メディア・マルクトとサターンは，商号は別のまま同一の企業グループを形成した。さらに96年，カウフホフがメトロに統合され，それ以降はメディア・マルクト／サターンは，メトロ・グループ傘下の家電量販店になっている。

　メディア・マルクトは89年フランスに進出して以来，現在，ドイツ，オーストリア（90年），スイス（94年），ハンガリー（97年），ポーランド（98年），イタリア（99年，メディア・ワールドを買収），スペイン（99年），オランダ（99年），ベルギー（2002年），ポルトガル（04年），ギリシャ（05年），スウェーデン（06年），ロシア（06年），トルコ（07年）の14カ国と

---

[20] 山下 [1994] 907頁。

ヨーロッパ中に，現在，合計589の大型店舗がある。売上高の40％以上がドイツ以外である。主要取扱い品目はデジタル家電，音響機器，白物家電，健康器具，パソコン等である。

これに対してサターンは，1961年，ケルンに家電店を開設，ハイファイのステレオ・システムを先駆的に取り扱ったことで知られ，広範なレコードの品揃えとセルフサービス方式を導入し市価よりも安く提供した。現在，14カ国に251店舗あり，ＣＤとＤＶＤでは品揃えが世界最大であるとホームページに記されている。メディア・マルクトとサターンの合計売上高（2012年12月期）は201億ユーロ（約2兆6,000億円）で，10年間で3倍以上に増え，日本のヤマダ電機を大きく上回っている[21]。またメトロは，台湾のＯＥＭメーカーのフォックスコン（富士康国際ＨＤ）と家電販売の合弁会社を設立し，メディア・マルクト（梅地亜家電超市）の商号で，2010年12月に第1号店を，上海の中心街である淮海中路の「華亭伊勢丹」跡に開店した。10年12月にはヤマダ電機が瀋陽市に1号店をオープンし，先行するベスト・バイ，それに蘇寧雲商を加えて世界四大家電量販店が中国市場で対決することになったが，メトロは売上不振で既に撤退している。

次の家電量販店であるディクソンズ（ＤＳＧインターナショナル）は，1930年代にロンドンで写真館を開いたことに始まる。戦後は，写真館・カメラ小売業として成長したが，次第に，音響機器，カラーテレビ，ビデオ機器と品揃えを拡大，84年には当時，英家電量販店最大手の「カリーズ」を買収している。その後はアメリカ市場への進出失敗などがあったが，事業の再構築を行い，業績は近年順調に推移している。2010年4月期の売上高は8,533百万ユーロ（約1兆1,000億円），前年比4.3％増，営業利益133百万ユーロ，前年比43％増である。国別の内訳は，イギリス・アイルランド4,014ユーロ（638店），北欧諸国2,094百万ユーロ（269店），その他1,503

---

[21] メトロ・グループのＨＰ（2013年9月）。

百万ユーロ（323店），電子商取引922百万ユーロとなっている[22]。

　ヨーロッパでもう1つの家電量販店グループは，ＫＥＳＥエレクトリカルズ（ロンドン）である。ＫＥＳＥグループの各家電チェーンは，イギリスで最大の非食品小売業であったキングフィッシャーの傘下にあった。しかしキングフィッシャーは，2000年代に入ると，より成長性があり海外展開が見込めるＤＩＹ事業に特化するために，バラエティ・ストア事業（ウールワース）やドラッグストア事業などを売却し，03年には10カ国で展開していた家電事業部門も分割，ＫＥＳＥが形成された。キングフィッシャーは1984年にイギリスでコメット，93年にフランスでダーティの株式を取得し，急速に家電部門を拡大したが，事業の再構築により家電品部門は切り離されたのである。ＫＥＳＥエレクトリカルズは，現在，ダーティフランス，コメット，ＢＣＣ，バンデンボーレなどの家電チェーンを展開しており，2010年4月期の売上高は5,124百万ユーロ（約6,600億円），前年比3.4％増，小売り利益99百万ユーロ，前年比28％増である。このうちフランス最大のチェーンであるダーティフランスは，13年4月期，229店，売上高は2,687百万ユーロ（約3,500億円）である[23]。

3. 仏トムソン（現・テクニカラー）の撤退

　欧米の家電品流通の特長は，早い時期より組織小売業や家電量販店が発達し，家電メーカーの発展に対する制約条件になったケースが多いことである。日本や韓国のような家電メーカーによる小売業の系列化はあまりみられなかったし，行われたとしても非常に限定的であった。アメリカではベスト・バイやウォルマートなどの量販店が優越的地位を確立し，ヨーロッパで

---

[22] 薄井・ドーソン［2012］。
[23] ダーティフランスのＨＰ（2013年9月）。

はメディア・マルクトのようにグローバル化に成功した大規模チェーンも登場している。その結果，欧米では，日中韓のような有力家電メーカーの成長があまりみられず，東アジア勢に比して劣位な地位に甘んじている。

　特に，中国薄型家電市場では，2004年にＴＣＬがフランスの大手家電メーカーであるトムソンのテレビ関連事業を統合して以来，家電店の店頭から欧米メーカーの存在をほとんどうかがうことができなくなっている。

第 7 章

家電量販店のグローバル化に関する理論的研究

　かつて鈴木安昭は「世界の国々は、それぞれの時代において、歴史的、社会的に規定された流通機構をもっている」と記している[1]。これは各国の流通には同質な部分と異質な部分があるという意味に解せられる。家電品流通の国際比較が研究意義をもつのは異質な部分が大きいからである。

　異質性はグローバル化の遅滞と表裏一体の関係にあるので、今まで提示されてきた小売業国際化のモデルをレビュし、グローバル化をめざす小売業をとりまく諸条件や諸要因のもとで、なぜ家電量販店の海外進出が進まないのかを検討する理論的枠組みを構築する。その際、小売業国際化を促進したり、抑制したりするのに大きな役割を果たす外部要因、すなわちプル要因とプッシュ要因の分析は詳細に行う。

　家電品流通のグローバル化はヨーロッパを除いて遅れているし、特に家電量販店の海外進出には困難が伴うようである。家電量販店として中国市場に真っ先に進出した米ベスト・バイは、現在大幅に事業を縮小しているし、独メディア・マルクトは参入してからわずか3年で撤退した。ヤマダ電機も政

---

[1] 鈴木［2001］3頁。

治的混乱で中国における事業展開の見直しを発表した。韓国では，家電量販店の発展が限定的であるにもかかわらず，日米欧の大手家電量販店の参入は，その影すらほとんどみることができない。なぜであろうか。ここでは家電量販店のグローバル展開を阻んでいる要因は何かという課題を検討するための手懸かりとして，小売業の国際化に関する理論的枠組みをレビュしたい。

　小売業のグローバル化に関する理論的研究は，マクロ的なモノとミクロ的なモノに分けられる。マクロ的研究はさらに理論的枠組みを構築しようとするモノと，外部環境に焦点を当てたプル要因とプッシュ要因に関するモノがあり，ミクロ的研究は主に企業の立場からあるいは特定の企業から国際化プロセスを考察する。

第1節　小売業グローバル化の理論的枠組み

　小売業の国際化に関する理論的枠組みは，スターンクエスト（B. Sternquist）[1997]，ビダ（I. Vida）とフェアハースト（A. Fairhurst）[1998]，アレキサンダー（N. Alexander）とマイヤーズ（H. Myers）[2000]，エバンズ（J. Evans）とトレッドゴールド（A. Treadgold）とマボンド（T. Mavondo）[2000]などによって検討されてきた。

1. スターンクエストの規範的モデル

　スターンクエストは，ダニング（J. H. Dunning）[1988]の折衷モデル，サーモン（W. J. Salmon）とトージマン（A. Tordjman）[1988]のマルティ・ナショナル戦略かグローバル戦略かという考え方，段階理論（stage theory），エロウル（S. Eroglu）[1992]の組織的特性に関する理論仮説から，小売業の戦略的国際化に限定した規範的モデルを提示している。

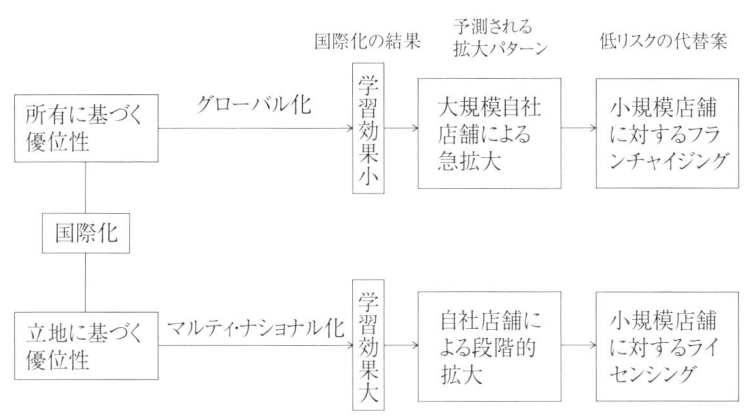

図表 7-1　スターンクエストの戦略的国際化モデル

		国際化の結果	予測される拡大パターン	低リスクの代替案
所有に基づく優位性	グローバル化 →	学習効果小	大規模自社店舗による急拡大	小規模店舗に対するフランチャイジング
↓国際化				
立地に基づく優位性	マルティ・ナショナル化 →	学習効果大	自社店舗による段階的拡大	小規模店舗に対するライセンシング

（出所）Fairhurst [1997] p. 263 図 1 から作成。

　これらのうちダニングの折衷モデルは，主に製造企業を想定した包括的なＯＬＩ概念（Ownership, Locational and Internalization Concepts）であり，企業は次のような優位性があれば直接海外投資（ＤＦＩ, Direct Foreign Investment）を促進すると考えた。[2]

① 所有に基づく優位性：革新的技術や製品，人的資源，ビジネスモデルなどによる優位性であり，家電小売業にあてはめると，洗練されたチェーンストア経営，PB商品の開発，海外経験をもち，文化的距離を架橋する人材の確保，顧客志向の販売方法，効率的なサプライチェーンなどである。

② 立地に基づく優位性：進出国に自国より，費用優位や市場機会がある場合。原材料や中間財，相対的に低賃金の有能な人材，需要が大きい現地市場，海外企業に有利な法人税・関税などが含まれる。中国は，市場規模や家電品の普及率からみてこれからも大きな可能性があるし，有能

2　Dunning [1988] pp. 1-31.

な人材の確保も容易である。ただし，民主化の遅れや独占禁止法などの法律的・政策的未整備が障害となっている。小売業にとって立地は製造企業よりもはるかに重要な要素であり，この意味でゾーニング規制が緩い中国や韓国では，政府との関係などの難しさはあるが，比較的に好立地の得やすさはあると思われる。

③ 内部化による優位性：フランチャイジングに対する法的規制，ライセンスを提供するのに相応しい現地企業の不在，当該事業コンセプトに馴染みがない，買収機会の出現などにより，所有と立地に基づく優位性が直接投資によってしか得られない場合はＤＦＩが促進される。これらの多くは家電小売業にもあてはまる。海外の事業展開を急速に展開するためには，投資資金を勘案して，かつてのベネトンやサウスランドアイス社の7-11（セブン-イレブン）のようにフランチャイズ方式を利用する。しかしながらフランチャイジングや合弁方式の参入モードは，競争優位をもつ小売革新を模倣から防御することが難しい。機密を守る唯一の道は各国に完全所有（独資）の支店を開設することである。

ダニングの見解についてドーソン（J. A. Dawson）は，所有に基づく優位性と立地に基づく優位性は，状況によっては間接投資でも得られるものであるので，ＤＦＩだけでなく間接投資も含み，企業の海外進出一般と捉えて差し支えないと述べている。[3]

次にスターンクエストが参考にしたのは，サーモンとトージマンのマルティ・ナショナル戦略かグローバル戦略かという二者択一論である。マルティ・ナショナル戦略は，小売業の海外進出に際して，相対的に自立した組織を設立して現地適応を行うもので，これに対しグローバル戦略は自国で知られた成功モデルをそのまま持ちこむ「標準化」戦略である。[4]一般にウォルマ

---

[3] Dawson [1994] pp. 269-270.
[4] Salmon and Tordjman [1988] p. 4.

ート，カルフール，テスコ，イオンなどの総合量販店はマルティ・ナショナル戦略を，H＆M，ユニクロ，トイザらス，ＩＫＥＡなどの専門店チェーンはグローバル戦略を採用すると考えられるが，これらのことから判断すると，家電量販店はグローバル戦略ととるべきなのであろうか。

段階理論は，学習効果が発揮されやすい地理的に近いところから段階的に海外進出が行われるというもので，これは文化的近接性の概念にも応用することができる。さらにエロウルは，知覚リスクの概念を用いて企業の国際化の理由を検討し，規模，経験，国際化志向など組織上の特徴が関係していると考えた。

スターンクエストは，これらの理論仮説をもとにして小売業の「戦略的国際化モデル」を提示したわけである。たとえば日本の家電量販店は，いくつかの競争優位な内部資源をもっているが，海外進出は知覚リスクが伴うのであまり進捗していない。したがって，学習効果が得られておらず，海外進出に必要な資源が蓄積されていないということになる。この意味で，家電量販店最大手のヤマダ電機が，2012年7月，ベスト電器を買収することになった理由の1つが，海外進出のノウハウの取得にあったことは明らかである。しかしながら，戦略的という名称の通り，スターンクエストは企業の立場からのミクロモデルの構築をめざしたが，理論仮説として魅力があるとはいえない。具体的には，国内市場の成熟化などマクロ的な環境条件が捨象されている，さまざまな要素が混在しているので論理性に欠ける，戦略論として経営特徴や参入モードしか論じられていないなどの問題点が指摘されるからである。

ところでマーケティング・モデルの分類方法の1つとして，実証的モデルと規範的モデルに分ける考え方がある。実証的モデル（positive model）は，小売業の国際化活動や現象を記述し，説明し，予測し，理解するもので，記述的モデルや理論的モデルと同義である。[5]これに対して規範的モデル

---

[5] Hunt [1976] p. 8. 久保村 [2010] 14-15頁。

(normative model)は，グローバル化をめざす小売業をとりまく諸条件や諸原因のもとで，小売企業が採るべき国際化行動が提案され，マーケティング戦略や戦術の指針があたえられるというものである。また，他の分類では，小売業国際化のモデルは，マクロモデルとミクロモデルに区分される。マクロモデルは，小売企業の国際化活動を国際経済的観点から総合的に捉えたもので，集計水準はさまざまである。たとえば，広範囲な抽象度の高い小売業国際化モデルが上位にあり，中範囲には東アジア・モデルとか家電品国際化の概念化など，さらに下位の階層的として東アジアの家電品モデルが考えられる。これらから判断すると，スタークエストモデルは，規範的モデルであり，小売企業の立場から理論構築を行っているのでミクロモデルといえる。

本書が求めているのは，家電品流通のグローバル化についてのアイディアであり，実証的なマクロモデルである。

2. ビダとフェアハーストの小売業国際化モデル

ビダ（I. Vida）とフェアハースト（A. Fairhurst）は，1990年代以降の小売業界を特徴づけたのは，歴史的に国内活動にとどまっていた小売活動の国際化への進捗であったとする。当時アメリカでは，経済状況やデモグラフィックなトレンドと相俟って，それまでの15年間で店舗が急激に増えたことによって，国内市場は飽和し，店舗過剰になったこと，競争が激化したこと，垂直的統合が進んだこと，および80年代におけるM＆Aなどを背景として，国際化が有力な選択肢になった。しかしながら，小売業国際化プロセス（Retailer Internationalization Process）は複雑かつ理解が難しい現象であり，意思決定プロセスや組織―戦略次元の関係などさまざまな側面の詳細な検討と，国際ビジネス，マーケティング，経営，産業行動などの分野における既存文献のレビューによって概念的基礎を拡大する必要性があると，彼女らは考えた。[6]

ビダらは企業の国際化に関する文献を包括的にレビューしてみると，それら

のうち多くは主体として製造企業を想定していることに気付く。そこで小売業の特殊性に合わせて修正し，アメリカ小売業の経験に基づいて小売業国際化の実証研究に役立つ枠組みを構築することを意図した。このモデルの核心部分は促進要因と抑制要因の分析であり，企業内部のある種の特徴が外部環境の要因と相俟って，企業の海外進出の決定に関する促進要因や抑制要因として作用する。そして動機付けとなる要因が知覚リスクを上回れば海外市場への関与を決定する。そこで参入の決定がなされると，続いて企業は「どこで」「どのように」という2つの重要な意思決定に直面する。内部構造と認識体系を変更させる企業の国際化は，漸進的あるいは無作為的変化のプロセスということであり，国際化に継続的に関与するという保証はないし，どの

図表7-2 ビダとフェアハーストの小売業国際化モデル

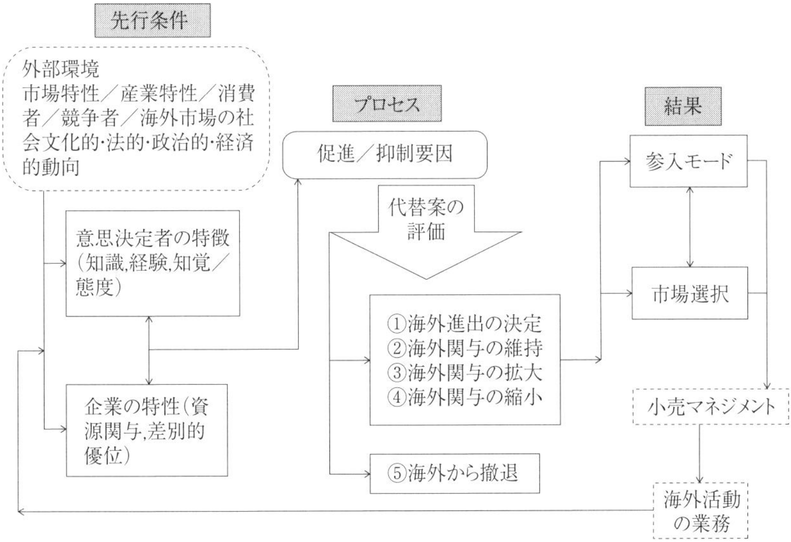

先行条件

外部環境
市場特性／産業特性／消費者／競争者／海外市場の社会文化的・法的・政治的・経済的動向

意思決定者の特徴
（知識,経験,知覚／態度）

企業の特性（資源関与,差別的優位）

プロセス

促進／抑制要因

代替案の評価

①海外進出の決定
②海外関与の維持
③海外関与の拡大
④海外関与の縮小

⑤海外から撤退

結果

参入モード

市場選択

小売マネジメント

海外活動の業務

（出所）Vida and Fairhurst [1998] p. 145 図1から作成。

---

6 Vida and Fairhurst [1998] pp. 143-151.

時点でも撤退しうることが示されている。彼女らは，この国際化が継続する保証はなく，いつでも撤退しうるということをモデルに明示したことに，モデル構築の意義があると述べている[7]。

これは企業内部の特徴と外部環境要因を考慮し，知覚リスクの概念を用いて小売業国際化のプロセスを，簡明に説明した解りやすいモデルである。しかしこのモデルで問われるのは，主観的概念である知覚リスクの「知覚」をどう測定するかである。たとえば，ヤマダ電機の海外事業は，2010年末の瀋陽1号店から始まった。国内家電市場の飽和と中国家電市場の将来性に後押しされたが，進出に際しては共産党独裁の政治体制，法的未整備や独特の商慣行などを秤量し，促進要因が抑制要因を上回った結果の進出だ，と思われる。しかしながら，中国市場の知覚リスクは急速に高まっており，その後沈静化の兆しはあまり見られない。ヤマダ電機の山田昇会長は「中国では昨年9月の反日デモ以降，出店は止まっている。今後は様子を見ながら策を検討する。いずれにしてもアジアは全体を見ながらリスク分散を図る。東南アジアへの進出は現在調査中だがベスト電器は大きな力になる。ベスト電器の買収で足がかりができたので，動き始めたら店舗展開は速いだろう」と述べている[8]。このように，意思決定者のリーダーシップや国際情勢の変化などにより知覚は大きく変化するので，その客観的な測定は容易なことではない。

3. エバンズ，トレッドゴールド，マボンドの精神的距離

エバンズ（J. Evans），トレッドゴールド（A. Treadgold），マボンド（F. T. Mavondo）[2000]は，精神的距離と企業業績の関係に着目した。彼らは精神的距離（Psychic Distance）を，オグレーディとレーン（O'Grady and Lane）

---

7 Vida and Fairhurst [1998] p. 147.
8 日経MJ（2013年1月7日付）。

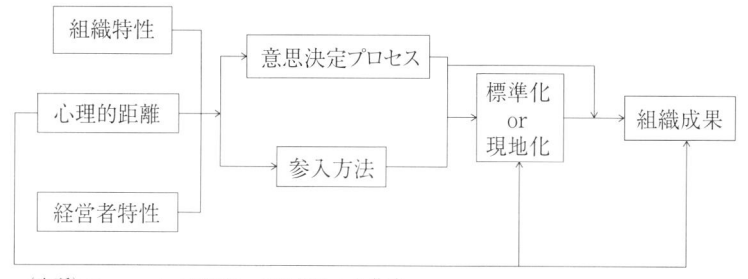

図表 7-3 精神的距離による小売業国際化の統合モデル

```
組織特性 ─┐
          ├─→ 意思決定プロセス ─┐
心理的距離─┤         ↕          ├→ 標準化 ─→ 組織成果
          ├─→ 参入方法 ────────┘  or
経営者特性─┘                        現地化
```

(出所) Evans, et al. [2000] p. 375 図 1 から作成。

[1996] による精神的距離の概念「…文化的相違や他のビジネス遂行の困難さから生じる海外市場に関する不確実性の程度」などといういくつかの定義を検討したうえで,「自国市場と海外市場間に, 文化・ビジネス上の相違の知覚と理解から生じる距離」と定義している。これまで精神的距離と組織の成果は負の相関関係があるといわれてきたが, それは自国市場と海外市場間の法律・政治的環境, 経済環境, ビジネス慣行, 産業構造など文化・ビジネス上の相違が, 不確実性を拡大させると考えられるからである。

ところで問題は, 精神的距離と企業業績との関係があるといわれてきているものの, まだ実証されていないことである。エバンズらは, あまり印象的ではない結果しかえられない理由は, 精神的距離の概念が曖昧で操作化できないことと, 2つの変数の直接相関には限界があるからであり, 他の要因も組み入れる枠組みを構築する必要があると考えた。彼らの統合モデルは, 両者の間に企業や海外活動のいくつかの要因が介在し, 直接的な関係を緩和させていることを示している。それらのなかでは組織特性 (意思決定構造, 小売業態, 規模と企業形態, 国際経験の程度), 経営者特性 (経営者の出身国と海外市場の経験), 出身国と当事国市場での経験, 戦略的意思決定プロセス, 参入方式 (戦略), 小売オッファー (標準化か適応化) などが重要であると考えている。

最近のジョンストン (M. J. Johnston) らの国境を越えた取引の関係性の研

究でも,精神的距離が関係性の構築に大きな影響を及ぼしていることが明らかにされている。彼は「精神的距離が大きい売り手と買い手間の取引では,困難に直面することが多く,国際的なチャネル間の効果的なコミュニケーションを阻害する。それは文化的,社会的,政治的,経済的,法律的環境とならんでビジネス慣行における相違が,共通の価値規範や問題認識を欠落させるからである」と述べている。[9]

確かに,日本と韓国は地理的には近接しているのにもかかわらず,顕在化した小売業の交流があまり活発ではないという事実は精神的距離ないし文化的距離が離れているのが理由であり,台湾の状況とは対照的である。また,家電量販店でみると,総合量販店や他業種の専門店チェーンと比べて家電品流通の国際化が進捗していないのは,この文化的距離が大きな影響を及ぼしていると考えられるが,この場合も知覚と同じように距離をどう測定するか,どの程度影響を及ぼすのかが大きな検討課題となる。

4. アレキサンダーとマイヤーズのマクロ・ミクロ統合モデル

アレキサンダー (N. Alexander) とマイヤーズ (H. Myers) は,スターンクエストの規範的モデルやビダとフェアハーストの小売業国際化モデルは,ダニングの折衷モデルなどの非小売業,非サービス業を想定して構築した概念の枠組みであり,小売業の研究成果を無視しているので,小売業国際化のプロセスに対しては説明力がないとする。彼らは小売業国際化は,「小売企業」組織のミクロ的国際化であると同時にマクロ的な市場拡大として捉える必要があり,組織の国際化は,自国中心主義か地球主義で評価すべきだと考えている。自国中心主義とは,本社が中央集権的に意思決定を行い,地球主義は進出した現地に大きく権限委譲を行うものであり,サーモンとトージマンのマ

---
[9] Johnston, et al. [2012] p. 38.

第7章　家電量販店のグローバル化に関する理論的研究　　**181**

ルティ・ナショナル戦略かグローバル戦略かという考え方とほぼ同じである。

市場の国際化は，国内市場に文化的，経済的，地理的に近接した市場から順次行われる。近接主義の企業は，イギリスのセインツベリーのように用心深い国際主義者であり，これに対して地球主義の企業は模倣よりも変化を選

図表7-4　アレキサンダーとマイヤーズの市場拡大モデル

```
        借入資源      革新資源
            ↓           ↓
環境圧力 → 国内市場 ←──────┐
             ↓            │
          一次市場         │
             ↓            │
展開圧力 → 二次市場 → 資源開発
             ↓
          三次市場
```

（出所）Alexander and Myers［2000］p. 343 図1から作成。

図表7-5　アレキサンダーとマイヤーズのマクロ・ミクロ統合モデル

企業組織の国際化

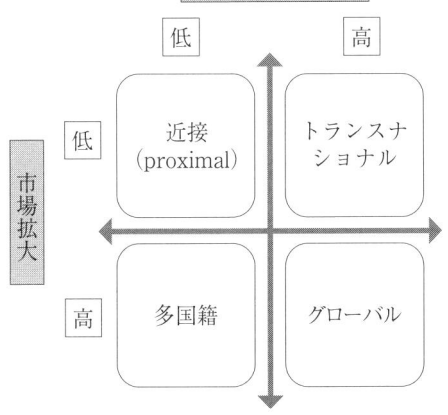

	低	高
低	近接（proximal）	トランスナショナル
高	多国籍	グローバル

（市場拡大）

（出所）Alexander and Myers [2000] p. 348 図3から作成。

好する。多国籍小売企業は市場拡大を行っているが心理的には国内市場の考え方や競争姿勢にとどまっているもので，グローバルなリテイラーはそれぞれ進出国の市場差異を認識し，現地に根差した解決を図るものである[10]。

アレキサンダーらは，これまでの研究成果の延長線上にミクロモデルも提示し，マクロとミクロの統合を図っているが，三者の関係が不明確なことに加え，統合モデルの意味は果たしてあるのか，マクロモデルに焦点を絞って精緻化を図るべきではないかなど疑問は多々ある。しかし，小売業の国際化はマクロとミクロ両面から捉えなければならないことを明示したということは評価されるべきであろう。

5. スィーバースの包括的モデル

一般に，小売業国際化の研究者は包括的ないし統合モデルを選好する傾向が強い。スィーバース（L.Q. Siebers）［2011］も例外ではなく，これまでの研究成果を踏まえて，小売業国際化の理論的枠組みとして包括的統合モデルを提示した[11]。この統合モデルの特徴は，ビダらの枠組みをもとにエバンズらの精神的距離，アレキサンダーらの参入モード，立地の意思決定，マルティ・ナショナルかどうかの要因を加えたことにある。この枠組みは名称通り網羅的ではあるが，網羅的に理論化を試みることの陥穽は本質を曖昧にすることであり，小売業国際化のモデルとしてはコアな要因を不明確にさせる可能性が大きいことである。

スィーバースはこのモデルをもとに，ウォルマート，カルフール，テスコ，平和堂を対象にした「ケーススタディ・アプローチ」によって仮説検証を行っているが，ここでは，本書の研究結果のなかで日中韓比較分析に役立

---

[10] Alexander and Myers [2000] pp. 334-353.
[11] Siebers [2011] pp. 26-35.

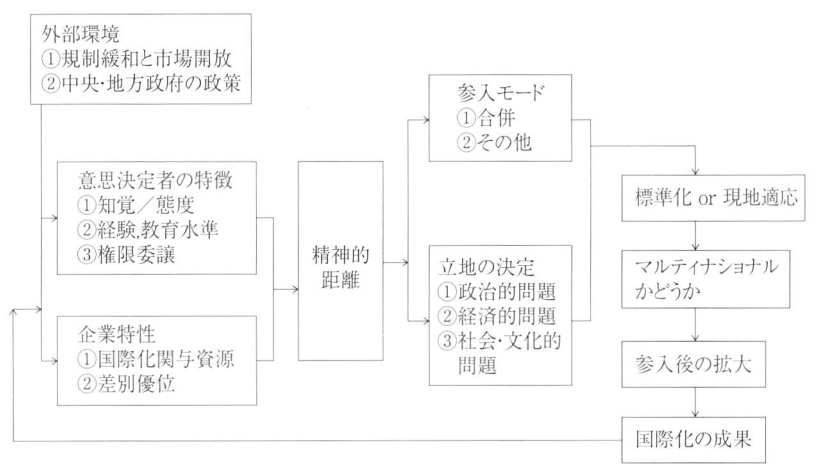

第 7 章　家電量販店のグローバル化に関する理論的研究　**183**

図表 7-6　小売業国際化の包括的統合モデル

```
外部環境
①規制緩和と市場開放
②中央・地方政府の政策
         │
         ↓
意思決定者の特徴                        参入モード
①知覚/態度                              ①合併
②経験,教育水準      →  精神的距離  →    ②その他         →  標準化 or 現地適応
③権限委譲                                                        ↓
                                                          マルティナショナル
企業特性                                立地の決定          かどうか
①国際化関与資源                         ①政治的問題              ↓
②差別優位                               ②経済的問題        参入後の拡大
                                        ③社会・文化的            ↓
                                          問題            国際化の成果
```

（出所）Siebers［2011］p. 34 図 3-1 から作成。

つ含意の部分をみてみよう。それらは外部環境としての中国特有の要因である。グローバル・リテイラーが中国での事業拡大を目論む場合は，中央政府と地方政府の 2 つの政府の指導に従わなければならないのは当然として，特に地方政府と良好な関係を保つことが肝要であることを，彼女は発見している。たとえばウォルマートは当初，地方政府の政策に厳格に従っていたので店舗拡大は緩慢であったが，信頼を勝ちとるとともに拡大のペースを速めることができた。とはいえ，中国を含む多くの発展途上国では，政府との良好な関係構築が厄介なことが多い。たとえば，中国で店舗を出店するのに際して，防犯許可を申請すると物品などを要求され，応じないとスムーズに許可が下りないといった種類の話はよく耳にすることである。[12] 加えて，流通システムや輸送インフラがどの程度整備されているかも海外小売企業に大きな影

---

[12] 業界関係者に対する聞き取り調査による。

響を及ぼす。そのためウォルマートは，中国進出で自慢の高度な技術システムを活かすことができなかった。生活水準の向上による中間層の拡大や都市化の進展などは国内と海外の業者双方に大きな機会をもたらすが，これらの課題が横たわっていることも忘れてはならない。[13]

第2節　プル要因とプッシュ要因

今まで小売業国際化の理論的枠組みをレビュしてきた。その一部のモデルのなかでとりあげられていた外部要因に焦点を当てたのが，プル要因とプッシュ要因の分析である。プル要因は進出国において小売業国際化を促進し，反対にプッシュ要因は国内における海外進出に舵を切らせる「潮時」を知らせるものである。

1. プル要因

小売業の国際化を促進したり抑制したりする要因は何か。これは進出国で海外企業を引きつけるプル要因，自国で押しだすプッシュ要因として検討されてきた。

まずプル要因は，進出しようとする国や地域の市場事情，競争動向，環境要因に分けられる[14]。まず進出国の市場事情とは，市場規模，成長性，季節的変動，景気変動のことで，市場規模が大きく成長性が高いほど，季節的変動や景気変動が小さいほど市場は魅力的になる。成長する市場では一般に店舗ロイヤリティが高くないケースが多く，新しい顧客が増えるので海外企業に

---

[13] Siebers [2011] pp. 149-150.
[14] Levy [2007] pp. 146-150.

とってビジネスチャンスは大きい。また家電品や自動車のような装置産業では，季節的変動や景気変動が大きいと工場操業度が落ち，好ましくない。

　第2の競争動向とは，参入障壁，仕入れ先の交渉力，競争上のライバルなど，まさしく現地の小売競争構造を指す。進出国で大規模小売業者がすでに規模の利益を実現し，店舗ロイヤリティを確立し，立地の良い場所を占有していれば，海外企業にとっての参入障壁は高まる。また高級化粧品メーカーのように高度売り手寡占で，価格や納入条件などがコントロールされている場合は，思い通りのマーチャンダイジングができない。さらに，強力なライバルがいれば事業展開を成功させることが難しくなるのは，ウォルマートがドイツに1997年に進出したが2006年に撤退したことや，カルフールやウォルマートが日本と韓国から撤退したことや苦戦を強いられていることなどが査証となる。

　第3の環境要因とは，技術的，経済的，規制的，社会的変化のことである。ITを中心に技術的変化は近年著しく，賃金や失業率の高低などの経済的変化は，人材の確保という点で重要であり，また政府規制は小売市場の魅力度を低下させる。たとえばフランスでは，ラファラン法（商業および手工業の振興と発展に関する法律，1996年）[15]によって大規模小売店の開業は難しく，アメリカのワシントンD.C.では，ウォルマートは低賃金労働がネックになって出店を凍結した。[16]

　中国と韓国は独占禁止法の運用が手ぬるいので，家電製品の小売価格は日本とは対照的に硬直的になっている。再販売価格の拘束が貫徹すればするほど，家電量販店の発展は制限的にならざるを得ない。また韓国では，最近，フランスと同じように大規模小売店舗の出店調整の強化を図っていて，2010

---

[15] 大型店の急増で中小小売業比率の急減などの小売構造の変化に対応してロワイエ法（1973年）を改正し，「マルシェ」などを守るために大型店の出店規制強化した法律（田中［2007］）。

[16] 英エコノミスト（2013年7月20日付）。

年に「流通産業発展法」と「大・中小企業相生協力促進法」(相生法)が改正された。これら韓国版「大店法」は,在来市場などの中小小売商を中心に社会的に大企業批判が高まっていることに対応したものであり,12年に入ると大型店に強制休業日を設定する地方自治体が相次いでいる。具体的には,月に2回,来店客が多い日曜日の休業を義務付けるケースが多い。割引店チェーン(総合量販店)大手3社のEマート,ホームプラス,ロッテマートは12年末から,合計288店で月2回,自主休業を始めた。また,人口30万人以上の都市では既に大型店は飽和状態にあり,売場面積3,000㎡以上の大型店は,30万人未満の都市で,事実上新規出店ができない状況になっている。大型店側でも15年末まで新規出店を自主規制している[17]。

そして,デモグラフィックス,ライフスタイル,態度,個人の価値観のトレンド等の社会的変化は小売市場の魅力度に影響を及ぼす。たとえば,高齢化や小家族化の進展は小型家電品への需要を拡大し,外食が多くキッチンが狭い生活では収納スペースを考えた冷蔵庫が売れ,見せびらかしの効果が強ければブランド・マーケティングの重要性が増し,生活水準の上昇で消費欲求が高級化・個性化すれば,きめ細かなマーケティングが必要になる。

2. アジア市場国際化へのプッシュ要因

矢作は,欧米企業からみたアジア小売業国際化のプル・プッシュ要因分析で,プッシュ要因として,①市場環境(人口の伸び率鈍化,経済成長の鈍化・停滞,小売市場の成熟化,競争の激化),②法的規制(出店規制の強化,高税率),③経営戦略(国際化の重要性認識,他社追随,余剰資金の活用),④その他(株主からの持続的成長への圧力)をとりあげている[18]。これ

---

[17] 聞き取り調査および日経MJ(2012年12月14日付)。
[18] 矢作[2007]17頁。

を参考にして，日本の家電量販店からみたアジア市場国際化へのプッシュ要因を検討しよう。

まず，日本における家電小売市場をめぐる環境としては，少子高齢化を背景に家電市場の成熟化と競争の激化が指摘される。家電市場の国内需要規模は，民間調査機関（ＧｆＫジャパン）の推計によれば2002年は8.9兆円で，その後漸次的減少が続いていたが，エコポイントの活用によるグリーン家電普及促進事業（2009年5月から10年末まで）や地デジ化（2011年7月の地上デジタルテレビ放送への移行）の恩恵をうけ，09年は9.4兆円まで拡大した。しかしこれらの終了とともに国内需要は減少に転じ，11年は9兆円割れ，12年の市場規模は前年比11％減の7兆4,800億円と8兆円を4年ぶりに下回り，さらに13年は7兆4,400億円と漸減している。[19] このように家電市場が飽和するなかで価格競争が激化して消耗戦の様相を呈し，生産段階では技術革新が停滞し，小売段階ではサービスの低下など価格競争の罠にはまりそうである。

家電市場からみた経済の成熟化は，ＡＶや白物家電の主要家電品のほとんどが成熟期を迎え，新たな大型成長商品が見当たらないことからも裏付けられる。「三種の神器」はほとんどの家庭に行きわたってしまい，人口増も望めない状況では，持続的成長のために海外での事業展開は有力な選択肢になる。

次に法的規制では，国内における大型店の出店規制が強ければ，海外進出に対してプラスの要因になる。日本でも大規模小売店舗法（昭和48年，法律109号）は2000年6月に廃止され，まちづくり三法に移行して大型店の出店自由度が増したが，中国や韓国と比較すると相対的に厳しい。中国では都市計画の観点から一部で大型店の規制を試みられているが徹底して行われていないし，韓国では最近，大型店規制への政策転換がなされ，日中韓でかなり

---

[19] 日本経済新聞（2013年2月21日付）とＧｆＫジャパンによる。

バラツキがみられる。また，法人関係税や社会保険の事業主負担など企業の総合的な公的負担が大きければ，海外進出の誘因となる。経済産業省の発表によれば，税引き前の純利益などに対する日本企業の公的負担の割合は50.4％で「国際的に非常に高水準」，「米英よりも10％程度高い法人税率が全体の税率を押し上げている」と分析されている[20]。

　第3に経営戦略として重要な要因は，経営トップの国際化に対する重要性の認識である。2013年8月期の海外ユニクロ事業の売上高は2,160億円，営業利益は160億円を予想され，海外の売上高は，ユニクロ事業全体の20％を超えてきた。特に海外事業の売上高の8割以上を占めるアジア地区では順調に売上高，収益が拡大している。アジア市場では，中国・香港，韓国に出店，さらに，09年にシンガポール，10年に台湾，11月にマレーシア，11年にタイ，12年にフィリピン，13年6月にインドネシア，7月にバングラデシュ，14年春にはドイツに出店予定と次々に出店エリアを拡大している。13年8月期，ユニクロ1,299店舗のうち海外店舗数は446店（34％），海外の売上高は27％，営業利益は16％を占めた[21]。これまで，日本の大手流通企業の海外進出が慎重であったのに対してユニクロが積極的なのは，トップの柳井正による中・長期的海外戦略に基づくリーダーシップが大きな要因であったと思われる。また現在，日本の家電量販店の海外進出は進捗していないが，もしヤマダ電機の中国や東南アジアへの進出が成功すれば，余剰資金をもつ同業他社の追随が行われるであろう。その際，経営トップの意思決定がグローバル化の鍵を握ることになる。

　その他としては，株主からの持続的成長への圧力が企業の海外の進出を促進する。株主の投資目的にはキャピタルゲインとインカムゲインがあるが，持続的成長がみられれば，投資家は値上がり益が得られるし，高配当が期待

---

[20] 日本経済新聞（2010年6月8日付）。経済産業省では，総合的な公的負担を法人税のほか固定資産税などその他の税負担，社会保険料の事業主負担も含めて算出している。
[21] 柳井［2013］。

できるので株式は人気化する。ヤマダ電機の高成長を支えた大きな要因の1つは，持続的成長による株価上昇，これを梃子にした資本市場からの巧みな資金調達にあったといわれる。同社では2002年から，野村證券を幹事会社に，転換社債（ＣＢ）を発行して出店資金を調達している。ＣＢは，株価が値上がりして転換価格を上回っていけば株式への転換が進み，満期償還の必要がなくなるので，実質無借金で資金調達ができる。こうした新規出店による規模拡大，そして業績が伸び株価が上昇するので償還の負担が軽減されるというサイクルがうまく回転した結果である[22]。ヤマダ電機の株価は，業績好調を反映して06年1月10日には15,590円まで上昇，しかしその後は新市場の開拓と新業態・事業への進出が思うように進捗しないことから業績が悪化し，13年10月1日付で1株が10株に分割され，現在（2013年10月31日大引け）275円と低迷している。

第3節　要約と今後の課題

　本章の前半で，今まで提示されてきたいくつかの小売業国際化のモデルをレビュしたが，スィーバースのモデルに代表されるように，いずれのモデルも複雑すぎて，どの要因が重要なのかそうでないのかが分かりにくいので，意図した分析に適していない。それとともに，多くのモデルは網羅的であるにもかかわらず，後半で理論的検討を行った小売業のグローバル化を促すプル要因とプッシュ要因，すなわち外部要因の考慮が不十分であった。

　それから理論構築を行う際の焦点をどこに定めるかがもう1つの問題点である。小売業のグローバル化といっても総合小売業と専門小売業では海外進出のプロセスが異なるし，専門小売業でもハイエンドな業態とそうでない業

---

[22]『東洋経済』（2007年5月12日号）。『週刊ダイヤモンド』（2008年6月21日号）。

態，そして業種によってもかなり変化すると考えられる。また，東アジア地域のグローバル化とＥＵ圏のそれとでは，文脈や方法論がかなり異なるであろう。

ここでとりあげたモデル以外にも，たとえばレビィ（M. Levy）ら［2007］は，小売業の国際化に成功している企業は，①低コスト，効率的経営　②強力なＰＢ　③ファッション性　④専門性について競争優位をもつとしている。[23] またコースジェンス（M. Corstjens）ら［2012］は，小売業国際化の黄金律として，①自国での強固な継続的地位，②進出市場に新たな何かをもちこむ，③現地に合わせた差別化を行う，④早すぎず遅すぎない参入時期，を指摘している。果たして，こうした広範な領域を射程においた「提案」はどれほどの現実的意味をもつのかは甚だ疑問である。

さらに，小売業国際化をモデル化する際の基本的視点の欠如も問題となる。問題意識が明確でないと，網羅的，平面的，抽象的な概念化になり，自己満足の罠に陥りやすい。

ここでは第６章の日中韓家電品流通の比較分析で用いた小売競争の概念をキーワードに，日本家電量販店の東アジア進出の概念図を提示したい（図表7-7）。この概念図は，家電量販店と東アジアに限定しているが，その理由は一般化が難しい場合には業種，業態，そして地域を限定した方が理論化しやすいこと，そして東アジアは日本からみて地理的，精神的距離が近いことにある。これによると，なぜ日本の家電量販店の海外進出が進まないのかについて，いくつか興味深いことが解る。

(1)　日本国内の小売競争構造からみると，家電量販店の東アジア進出への機は熟しているといえる。家電市場は成熟化しているので，これからまだまだ伸び代の大きい東アジア市場は魅力的である。小売市場ではネットショッピングが成長期に入り，異業態間競争は活発であり，第２章で

---

[23] Levy and Weitz [2007] pp. 142-143.

図表 7-7　小売競争からみた家電量販店の東アジア進出の概念図

```
┌─────────────────────────┐      ┌─────────────────────────┐
│      国内小売市場         │      │      現地小売市場         │
│ ①家電市場の飽和          │      │ ①家電市場の将来性        │
│ ②活発な異業態・同業態競争 │      │ ②新業態成長の可能性      │
│ ③チェーンストアの普及    │      │ ③未成熟なチェーン経営    │
│ ④計画的なまちづくり      │      │ ④活発な新都市開発        │
└─────────────────────────┘      └─────────────────────────┘

    ┌──────────────┐        ⇒      ┌──────────────┐
    │ 日本の家電量販店 │               │ 中国　東南アジア │
    │              │               │ （韓国）他     │
    └──────────────┘               └──────────────┘

┌─────────────────────────┐ 考 ┌─────────────────────────┐
│ 国内市場での確固たる地位   │ 慮 │ 日系家電メーカーの現地工場 │
│ 経営のリーダーシップ       │ 要 │ 卸売システム／物流インフラ │
│ 組織の革新能力             │ 因 │ アフターサービスの提供     │
│ 国際化のノウハウ・人的資源 │    │ 安定的な民主政治／法的整備 │
└─────────────────────────┘    └─────────────────────────┘
```

みたとおり再び業界再編成の気運も高まっており，家電量販店相互の同業態間競争は激しい。また，国内ではチェーンストア経営が高度化しており，多店舗展開とチェーンストア経営の区別がつかないような流通近代化が遅れた東アジア地域に，洗練されたチェーンストア経営を導入すれば，規模の利益をえて競争優位を獲得できる可能性は高い。したがって，国内家電小売市場からみる限り，家電量販店が海外進出を逡巡する要因はあまり見当たらないといえる。

(2)　日本における東アジア進出に対する考慮要因を，ヤマダ電機の例にみると，国内市場での確固たる地位，経営のリーダーシップ，組織の革新能力はクリアするとして，国際化のノウハウ・人的資源に問題がある。従前より海外事業の先導企業であるベスト電器などからのスカウト人事で人材の獲得に努力してきた形跡はあるが，実際のところ海外事業は中国進出が初めてであり，国際化のノウハウや人的資源は乏しい。これらの要因が知覚リスクを高めている。

(3)　東アジア地域における家電市場の将来性に関しては，国内市場が狭隘

な韓国を除いて非常に大きい。中国では，韓国メーカーや中国メーカーの成長が著しいとはいえ，3・4級市場や内陸部の市場開拓はまだまだこれからである。近年，経済発展により中間層がかなり増加してきたタイ，ベトナム，インドネシアなど東南アジアにおいてもビジネスチャンスは大いに期待できる。問題は競争的な小売市場と安定的な民主政治である。

　韓国では家電品の生産者市場が複占構造であり，小売段階まで寡占的製造企業の影響が大きく，競争的な小売市場が形成されていない。もちろん独占禁止法運用との関連もあるが，国内家電量販店の目立った成長もみられず，まして海外からの参入は困難であろう。図表7-7で，韓国が括弧書きになっているのはこのことを反映している。

　また，かつて著名な企業家が「われわれにとっては保守でも革新でもどちらでもいい。商売にとって重要なことは政治的な安定である」と述べていた。もちろん民主主義という前提があることはいうまでもない。小売業の国際化には民主主義とともに，政治的安定が同様に必要条件となる。東アジアの場合，政治的混乱が国際化の桎梏になるケースが少なくない。

(4)　進出国における考慮要因として，日系家電メーカーの現地工場があれば，当該家電品の調達には有利に働く。しかし，卸売システムや物流インフラが整備されていなかったり，アフターサービスの提供につき国内大手メーカーを優遇したり，海外企業を差別したり，恣意的な政府による政策や独占禁止法が未整備だったりして，日系企業の事業展開の妨げになっているケースは多い。

　これからの研究課題は，ここで示した下位レベルのアイディアにとどまっている，小売競争からみた家電量販店の東アジア進出の概念図を，どのように実証的検証に耐えられるようにモデル化し，「中範囲の理論」仮説をいかに上位に向かって抽象化するかである。

[参考文献]

《欧語》

Alexander, N. and H. Myers [2000] "The Retail Internationalization Process," *International Marketing Review*, Vol. 17, No4・5, pp. 334-353.

Ansoff, H. I. [1957] "Strategies for Diversification," *Harvard Business Review*, September-October, pp. 113-124.

Bartels, R. [1963] *Comparative Marketing: Wholesaling in Fifteen Countries*, Irwin.

Brown, S. [1989] "Retail Location Theory: The Legacy of Harold Hotelling," *Journal of Retailing*, No. 4.

Brown, S. [1992] *Retail Location: A Micro-scale Perspective*,.

Corstjens, M. and R. Lal [2012] "Retail Doesn't Cross Borders: Here's Why and What to do about it," *Harvard Business Review*, April, pp. 105-111.

Cox, R. [1965a] "The Search for Universals in Comparative Studies of Domestic Marketing Systems," in *Marketing and Economic Development* (edited by P. D. Benett), American Marketing Association.

Cox, R. [1965b] *Distribution in High Level Economy*, Prentice-Hall.（森下二次也監訳［1971］『高度経済下の流通問題』中央経済社。）

Dawson, J. A. [1994] "Internationalization of Retailing Operations," *Journal of Marketing Management*, Vol. 10, pp. 267-282.

Drucker, P. [1954] *The Practice of Management*, Charles E. Tuttle.（野田一夫監訳［1965］『マネジメント』（上，下）ダイヤモンド社。）

Drucker, P. [1962] "The Economy's Dark Continent," *Fortune*, April, p. 103, pp. 265-270.

Dunning, J. H. [1988] "The Eclectic Paradigm of International Production: A Restatement and Some Possible Extensions," *Journal of International Business Studies*, Spring 88, Vol. 19, pp. 1-31.

Eroglu, S. [1992] "The Internationalization Process of Franchise Systems: A Conceptual Model," *International Marketing Review*, Vol. 9, No. 5, pp. 11-39.

Evans, J., A. Treadgold and F. T. Mavondo [2000] "Psychic Distance and the Performance of International Retailers," *International Marketing Review*, Vol. 17, No4・5, pp. 373-391.

Evans, J. and K. Bridson [2005] "Explaining retail offer adaptation through psychic distance," *International Journal of Retail & Distribution Management*.

Evans, J., F. T. Mavondo and K. Bridson [2008] "Psychic distance: Antecedents, retail strategy implications and performance outcomes," *Journal of International Marketing*.

Galbraith, J. K. [1952] *American Capitalism: The concept of countervailing power*.（藤瀬

五郎訳『アメリカの資本主義』時事通信社。）
Goldman, M. I. [1963] *Soviet Marketing: Distribution in a Controlled Economy*, The Free Press of Glencoe.
Hall, M., J. Knapp and C. Winsten [1961] *Distribution in Great Britain and North America*, Oxford University Press.
Havenga, J. J. D. [1973] *Retailing: Competition and Trade Practices*, Sijthoff.（新城俊雄／白石義章訳［1980］『小売競争の経済理論』千倉書房。）
Hotelling, H. [1929] "Stability in Competition," *The Economic Journal*, March.
Hunt, S. D. [1976] *Marketing Theory: Conceptual Foundations of Research in Marketing*, Grid.（阿部周造訳［1979］『マーケティング理論』千倉書房。）
Iyer, G. R. [1997] "Comparative Marketing: An Interdisciplinary Framework for Institutional Analysis," *Journal of International Business Studies*, 3rd Quarter.
Johnston, W. J., S. Khalil, M. Jain and J. Ming-Sung Cheng [2012] "Determinant of Joint in International Channels of Distribution: The Moderating Role of Psychic Distance," *Journal of International Marketing*, Vol. 20, No. 3, pp. 34-49.
Kotler, P. and K. Keller [2009] *Marketing Management*, 13th ed., Prentice Hall.
Levy, M. and B. A. Weitz [2007] *Retailing Management*, 6th ed. McGraw-Hill Irwin.
McCammon, B. C. [1970] "Perspectives for Distribution Programming," in L. P. Bucklin (ed.) *Vertical Marketing System*, Scott Foresman.
McCarthy, E. J. and W. D. Perreault Jr. [1984] *Basic Marketing*, 8th ed., McGraw-Hill.
McNair, M. P. [1968] "Marketing and the Social Challenge of Our Times," in *a New Measure of Responsibility for Marketing* (edited by K. Cox and B. M. Enis), American Marketing Association.
O'Grady, S. and H. Lane [1996] "The psychic distance paradox," *Journal of International Business Studies*, Vol. 27 No. 2, pp. 309-333
Perreault, Jr. W. D., J. P. Cannon and E. J. McCarthy [2010] *Basic Marketing: A Marketing Strategy Planning Approach*, 19th. ed., Irwin/McGraw-Hill.
Porter M. E. [1980] *Competitive strategy: techniques for analyzing industries and competitors*, Free Press.（土岐坤他訳［1985］『競争の戦略』ダイヤモンド社。）
Porter M. E. [1985] *Competitive advantage: creating and sustaining superior performance*, Free Press.（土岐坤他訳［1985］『競争優位の戦略―いかに高業績を持続させるか』ダイヤモンド社。）
Rayprt, J. F. and J. J. Saviokla [1994] "Managing in the Marketplace," *Harvard Business Review*, November-December, pp. 141-150.
Salmon, W. J. and A. Tordjman [1988] "The Internationalization of Retailing," *International Marketing Review*, Vol. 4, No. 2, pp. 262-268.
Siebers, L. Q. [2011] *Retail Internationalization in China: Expansion of Foreign Retailers*, Palgrave Macmillan.
Slater, C. [1975] "Comparative Marketing and Economic Development," in *Science in Marketing* (edited by G. Schwartz), New York: John Wiley and Sons, pp. 398-429.

Sternquist, B. [1997] "International Expansion of US Retailers," *International Journal of Retail & Distribution Management*, Vol. 25, No8, pp. 262-268.
Tacconelli, W. and W. Neil [2009] "Organizational Challenges and Strategic Responses of Retail TNCs in Post-WTO-Entry China," *Economic Geography*, Jan., Vol. 85, pp. 49-73.
Vida, I. and A. Fairhurst [1998] "International Expansion of Retail Firms: A Theoretical Approach for Future Investigation," *Journal of Retailing and Consumer Services*, Vol. 5, No. 3, pp. 143-151.
Walton, S. and J. Huey [1992] *Sam Walton, Made in America: My Story*, Doubleday.（竹内宏監修訳［1992］『ロープライスエブリデイ』同文書院インターナショナル。）

《日本語》
青島矢一・朱晋偉・呉淑儀［2008］「無錫小天鵝─中国家電企業成長と落とし穴」『一橋ビジネスレビュー』56巻1号，128-145頁。
亜州ＩＲ編［2011］『中国産業地図』日本経済新聞。
亜州ＩＲ編［2012］『中国企業データマップ』日本経済新聞。
阿倍　誠［2011］「事業拡大を続ける韓国財閥」ＪＥＴＲＯ海外研究員レポート。
天野倫文［2005］「中国家電産業の発展と日本企業―日中家電企業の国際分業の展開」『開発金融研究年報』22号，国際協力銀行（ＪＢＩＣ）。
今井賢一［2000］「ＩＴがもたらす流通再生」日経ＭＪ（1月11日付）。
薄井和夫［2008］「ディクソンズ（ＤＳＧＩ）─ヨーロッパ家電小売チェーンの展開」マーケティング史研究会編『ヨーロッパのトップ小売業─その史的展開』同文舘出版。
薄井和夫／ジョン・ドーソン［2012］「ヨーロッパ家電小売業の競争構造─ユーロニクス，ディクソンズ，メディア＝ザトゥーンの国際化戦略」『社会科学論集』第137号，埼玉大学経済学会。
王　曙光［2002］『海爾集団─世界に挑戦する中国家電王者』東洋経済新報社。
大橋　弘［2013］「価格指定──一部容認も必要」日本経済新聞（8月1日付）。
岡嶋昇一［2005］「敗軍の将，兵を語る─ヤマダ，ヨドバシなどに遅れ」『日経ビジネス』5月23日号。
片山　修［2011］『だからヤマダ電機で買いたくなる』潮出版社。
関　志雄［2013］『中国二つの罠　待ち受ける歴史的転機』日本経済新聞。
工藤　聡編［2010～2012］『家電流通データ総覧』，ＲＩＣ。
久保村隆祐編［2010］『商学通論（7訂版）』同文舘出版。
久保村隆祐・阿部周造［1987］『新版　マーケティング管理』千倉書房。
クルーグマン，ポール／ロビン・ウェルズ［2007］『クルーグマン　ミクロ経済学』（大山道広他訳）東洋経済新報社。
小島末夫［2004］「中国躍進企業　ＴＣＬ─グローバル戦略で拡張図る家電大手『ジェトロセンサー』5月号。
経済産業省［2012］『産業構造審議会流通部会報告書─新たなライフラインとして生活と文化を支え，地域に根付き，海外に伸びる流通業』。

経済産業省［2013］『消費インテリジェンスに関する懇談会　報告書―ミクロのデフレからの脱却のために』。
月刊「技術経営編集部」［2008］『ヤマダ電機に負けない弱者の戦い方―セブンとアトム，ヤマグチに学ぶ No.1 企業と共存の法則』ＲＩＣ。
小西滋人［1971］『小売競争の理論』同文舘出版。
塩路　洋［2002］『自動車流通の国際比較―フランチャイズ・システムの再革新をめざして』有斐閣。
鈴木安昭［2001］『日本の商業問題』有斐閣。
関戸正実［2012］「さらば家電，変化こそ経営」『日経ビジネス』（11 月 19 日号）。
関根　孝［2000］『小売競争の視点』同文舘出版。
関根　孝［2004］「韓国小売市場の自立」『専修大学商学研究所報』第 35 巻第 2 号。
関根　孝［2005］「中国家電品流通の端緒的研究」『専修大学商学研究所報』第 37 巻第 1 号。
関根　孝［2007a］「韓国・光州市小売業の発展」『専修大学商学論集』第 84 号。
関根　孝［2007b］「中国における流通近代化―河北省唐山市のケース」『専修大学商学研究所報』第 39 巻第 2 号。
関根　孝［2009］「家電流通の革新者―国美と蘇寧」矢作敏行・関根孝・鍾淑玲・畢滔滔『発展する中国流通』白桃書房。
関根　孝［2010］「日本，中国，韓国における家電品流通の進展―優越的地位変動の視点から」『専修大学商学研究所報』第 42 巻第 3 号。
関根　孝［2011］「最近における韓国家電品流通の特徴―優越的地位変動の視点から」『専修大学商学研究所報』第 43 巻第 2 号。
関根　孝［2012］「最近における中国家電品流通の特徴―優越的地位変動の視点から」『専修大学商学論集』第 95 号。
関根　孝［2013a］「家電品流通の国際比較と家電量販店のグローバル化に関する理論的考察―日中韓の比較分析序論」『専修大学商学論集』第 97 号。
関根　孝［2013b］「家電量販店の再編とヤマダ電機の中国進出」『専修大学商学研究所報』第 45 号第 2 号。
関根　孝・趙時英［2004］「韓国家電品流通のダイナミクス―日韓比較の視点から」『専修大学商学研究所報』第 36 巻第 3 号。
孫　健［2003］『ハイアールの戦略―中国最大最強のグループ』かんき出版。
田島義博・宮下正房［1985］『流通の国際比較』有斐閣。
立石泰則［2008］『ヤマダ電機の品格　No.1 企業の激安哲学』講談社。
立石泰則［2010］『ヤマダ電機の暴走　年商 3 兆円構想の果て』草思社。
田中道雄［2007］『フランスの流通―流通の歴史・政策とマルシェの経営』中央経済社。
趙　長祥［2004］「海爾集団のネットワーク組織の形成」『経営労働』第 39 号。
趙　長祥［2010］『転換期における中国家電企業の急成長モデル分析―海爾集団（Haier）と海信集団（Hisense）の事例を中心に』富士ゼロックス小林節太郎記念基金。
趙　時英［2012］「サムスン電子のマーケティング・チャネル戦略」『専修大学商学研究所報』第 44 巻第 4 号。

程　華［2009］「"家電下郷（家電製品農村普及）"政策の分析」中央三井トラスト・ホールディングス・調査レポート，No. 66。
西口敏宏・天野倫文・趙　長祥［2005］「中国家電企業の急成長と国際化―海爾（ハイアール）集団の研究」『一橋ビジネスレビュー』第52巻第4号。
日本経済新聞［2012］『電機・最終戦争―生き残りへの選択』日本経済新聞。
莫　邦富［2013］『世界シェアNo.1を獲得した顧客戦略』中経出版。
深川由紀子［1997］『韓国・先進国経済論―成熟過程のミクロ分析』日本経済新聞。
深川由紀子［2010］「日本企業はなぜ韓国企業に負けるのか」『中央公論』11月号。
丸屋豊二郎［2004］「中国ＴＣＬ―国内市場を固め，アジア・先進国市場に挑戦」『ジェトロセンサー』5月号。
丸川知雄［2007］『現代中国の産業―勃興する中国企業の強さと脆さ』中公新書。
柳井　正［2013］「2013年8月期の振り返りと今後の展望」FAST RETAILINGのパワーポイント資料。
矢作敏行［1976］「対抗力概念の再検討と多元的流通システムの展開」流通産業研究所編『これからの流通産業』流通産業研究所。
矢作敏行［1991］「小売競争の進展と流通系列化―家電流通構造論」『経営志林』第27巻第4号，法政大学経営学会。
矢作敏行［2007］『小売国際化プロセス　理論とケースで考える』有斐閣。
矢作敏行［2011］『日本の優秀小売企業の底力』日本経済新聞。
山下裕子［1994］「ドイツ家電流通の発達（上）」『一橋論叢』第111巻　第5号，一橋大学。
山下裕子［1995］「ドイツ家電流通の発達（中）」『一橋論叢』第113巻　第5号，一橋大学。
山下裕子［1996］「ドイツ家電流通の発達（下）」『一橋論叢』第115巻　第5号，一橋大学。
山下裕子・福冨言・福地宏之・上原渉・佐々木将人［2012］『日本企業のマーケティング力』有斐閣。
渡邉真理子［2002］「資本構成と企業行動―テレビ2社の比較から」丸川知雄編『中国企業の所有と経営』アジア経済研究所。
渡邉真理子［2010］「低質な制度のもとでの企業戦略―代金回収リスクへの中国企業の反応についての契約理論分析―」『アジア経済』1月号。

《雑誌》
『週刊ダイヤモンド』［2008］「ヤマダ電機　異形の2兆円企業」（6月21日号）。
『週刊ダイヤモンド』［2010］「中国インサイド」（6月19日号）。
『上海ＢＩＺＺマガジン』［2012］「南京の"秋葉原"で中国3号店を開業　愚直なまでの「日本サービス」で旋風を」（稲田貞夫・山田電機（中国）投資・総経理に聞く）（4月24日）。
『東洋経済』［2007］「ヤマダ電機　量販の王　首都制圧戦の怒濤」（5月12日号）。
『日経ビジネス』［2004］「小商圏で3つの勝ち方―「チリツモ商法」で顧客の心わしづか

み─セブンプラザ」(3 月 29 日号)。
『日経ビジネス』[2007]「ヤマダ電機の「品格」孤独な最大手,ヤマダ電機の猛進」(8 月 6／13 日号)。
『日経ビジネス』[2008]「シャープ急伸の陰に国美電器─中国にヤマダ流の家電量販店あり」(7 月 7 日号)。
『日経ビジネス』[2010]「家電ネット販売で風雲児」(6 月 21 日号)。
『日経ビジネス』[2013]「アフターサービスランキング 2012」(8 月 5 日号)。

《中国語》
何　森 [2005]『連鎖為王─解読中国連鎖企業経典案例』国経済出版社。
中国連鎖経営協会 [2011]『2010 中国連鎖経営年鑑』。
中国連鎖経営協会 [2012]『2011 中国連鎖経営年鑑』。
中国連鎖経営協会 [2013]『2012 中国連鎖経営年鑑』。
張　敦群／張　永強 [2003]「中国家電製品の流通モデルの実例研究」(李　東進／金　鏞准編『21 世紀的市場理解と探索』経済科学出版社。
王　丹 [2012]「ハイアール日日順」好服務的変現力（『環球企業家 2012 年 第 24 期』）環球企業家出版社。

《韓国語》
姜　明均 [1994]「韓国家電製品の国内流通の現況と今後の戦略」『調査月報』7 月号，大宇證券。
韓国土地公社 [1997]『盆唐新都市開発史』韓国土地公社。
ハイマート [2003]「有価証券報告書 2002 年度」。
ベ・チャンゴン／ヒョン・ミョン／ユン・チュンハン／チェ・ゲヨン／ホン・ドンピョ [2000]「デジタル経済下での流通構造の変化」『報通信政策 ISSUE』第 12 巻 2 号，情報通信政策研究院。
南　逸聡 [1992]「家電流通構造の問題点と改善方案」『韓国開発研究』第 14 巻第 3 号，韓国開発研究院。
ヤン・ユンジュ [2000]「家電品流通の環境変化と製造業者の流通戦略策定に関する研究─三星電子の事例研究を中心として」『全州工業大学論文集』第 32 巻，全集工業大学産業技術研究所。
ユン・ゼヒ／イ・ギョンウォン [1998]「家電産業におけるメーカー支配型流通構造の改善策の研究」『流通情報学会誌』第 1 号，流通情報学会。

索　引

〈事項索引〉

〔あ行〕

IMF 危機 …………………………………… 115
秋葉原 ………………………………… 151, 153
アコーディオン仮説 ……………………… 165
アフターサービス
　…… 37, 60, 89, 101, 103, 105, 117, 125, 127
粗利益(率) ………………… 22, 61, 116, 125
アンゾフ・モデル ………………………… 48

以旧換新 ………………………………… 57, 59
異業態間競争 ………………… 74, 142, 149
異形態間競争 ……………………………… 142
一物一価 …………………………………… 143
イベント・マーケティング ……………… 112
芋洗い兼用洗濯機 ………………………… 46
インカムゲイン …………………………… 188
インターネット通販 …………………… 33, 36

売掛金管理 …………………………… 37, 86
売掛金の回収 ……………………………… 106

営業形態 …………………………………… 142

OLI 概念 …………………………………… 173
大型店出店の規制緩和 …………………… 27
大型店の出店規制 ………………………… 187
オープンプライス（制）…………… 113, 125
折り込み広告 ……………………………… 133
卸・小売販売額比率 ……………………… 122
卸売市場 …………………………………… 141

〔か行〕

階層性 ……………………………………… 152

開放的販売制 ……………………………… 146
価格安定政策 ……………………………… 132
価格競争 …………………………………… 15
価格拘束 …………………………………… 150
価格の硬直性 ……………………………… 136
格上げ ………………………………… 17, 144
格下げ ……………………………………… 144
カテゴリーキラー ………………………… 165
家電下郷 ………………… 41, 45, 55～59, 62, 95
家電小売市場 ……………………………… 155
加盟店 ……………………………………… 60
ガリバー型寡占 …………………………… 161
環境要因 …………………………………… 185
韓国公正取引委員会 …………………… 134, 160
管理店 ……………………………………… 111

企業対個人 ………………………………… 63
記述的モデル ……………………………… 175
規範的モデル ……………………………… 175
規模の利益 ………………………………… 75
基本的機能 ………………………………… 9
キャッシュ・オン・デリバリー ………… 37
キャピタルゲイン ………………………… 188
競争動向 …………………………………… 185
競争の安定性 ……………………………… 151
業態 ………………………………………… 142
　──ライフサイクル論 ………………… 144
協力業者 …………………………………… 10

グリーン家電普及促進事業 ………… 20, 187
グローバル・マーケティング …………… 9
グローバル戦略 …………………………… 174
光州市 ……………………………………… 162

経営者特性	179
経営戦略	186
計画経済	5, 155, 157
ケーススタディ・アプローチ	182
研究開発費	139
工場渡し価格	113
公正取引委員会	44
高度寡占状態	161
小売引力の法則	152
小売業国際化プロセス	176
小売競争	190
小売市場	141, 149
――構造	141
合理の原則	137
小売の輪の仮説	144
コールセンター	87, 105
国営百貨店	158
国進民退	5
個人対個人	63
コモディティ	148, 150
――（市況商品）化	5, 16, 109
コングロマーチャント	54
コンシューマー・エレクトロニクス・ショー	109

〔さ行〕

サービス・ドミナント・ロジック	108
サービス競争	17
在庫リスク	107
最小差別化の理論	151
最低価格保証	133
財閥	160
再販売価格維持	39, 135, 136
再販売価格の拘束	185
差別価格政策	132
3S（シャープ，ソニー，サムスン電子）	102
産業構造審議会	38
3C	63
三種の神器	111, 187
三段階の国有卸売りシステム	107, 157
3PL方式	102

仕入代金の前払い	6
資金回収	6, 37
自国中心主義	180
自社配送システム	128
自社配送センター	89
市場環境	186
市場事情	184
実証的モデル	175
社会的マーケティング	8
従業者規模別分析	121
集積間競争	153
集積の理論	151
集約的販売制	146
準備的機能	9
商慣行	37, 101, 114
商業および手工業の振興と発展に関する法律	185
商業的伝統	11
商業統計調査	120
商業発展マスタープラン	76, 159
商圏	152
消費インテリジェンスに関する懇談会	135
消費革命	13, 83
消費者信用	38
商標	147
商品別アプローチ	3
情報通信技術	142
情報の非対称性	154
所有に基づく優位性	173
新都市建設	162
垂直的マーケティング・システム	110, 147
水平的多角化	52
スーク	151
数量割引	114
スマートテレビ	16, 156
生産者市場	141
生産者商標	147
生産者余剰	76, 77, 137, 139, 161
精神的距離	9, 178, 179
製造小売	5
製品別の売場づくり	45

索　引　**201**

世運商街 …………………………… 113	賃貸料 …………………………… 74
尖閣諸島問題 ……………………… 42	デベロッパー …………………… 45
選択的販売制 …………… 107, 146, 147	テレビ特需 …………………… 29, 32
全日本電気大型経営研究会 ……… 18	転換社債 ………………………… 189
専売店 …………………………… 51, 106	電子商取引 ……………………… 10
――網 ……………………………… 87	
先発者優位の原則 ………………… 65	唐山市 …………………………… 159
	特機店 …………………………… 118
総合超市 ………………………… 51, 101	独資 ……………………………… 37
ゾーニング規制 …………………… 174	独占禁止法（独占禁止及び公正取引に関する法律）
促進要因 …………………………… 177	……………………… 39, 127, 185
組織特性 …………………………… 179	独占的競争 ……………………… 110
組織能力 …………………………… 108	――の理論 ………………………… 138
	都市計画 …………………… 52, 153
〔た行〕	ドミナント出店 ………………… 49
大・中小企業相生協力促進法（相生法） …… 186	
大韓商工会議所 …………………… 115	〔な行〕
大規模小売店舗法 …………… 32, 187	内外価格差 ……………………… 127
代金引換渡し ……………………… 37	内部化による優位性 …………… 174
対抗力 ………………… 15, 144, 150	ナショナル・ブランド ………… 147
――の理論 ………………………… 156	
第 12 次 5 カ年計画 ……………… 56	ネットショッピング …… 52, 76, 145, 154
大商城（百貨店）………………… 84	年契約 …………………………… 105
代理店 ……………………………… 111	
W／R 比率 ………………………… 122	〔は行〕
段階理論 …………………… 172, 175	ハードディスカウンター ……… 48
談合 ………………………… 134, 135	バイイングパワー ……………… 107
単独出店戦略 ……………………… 49	排他的取引 ……………………… 86
ダントツ製品 ……………… 16, 156	派遣店員制度 …………………… 108
	バザール ………………………… 151
地域総代理店制 …………………… 99	場所貸しビジネス ……………… 35
チェーンストア経営 ……………… 191	発光ダイオード ………………… 93
知覚リスク ………………… 177, 178	バッファー機能 ………………… 119
地球主義 …………………………… 180	ハフ・モデル …………………… 152
地デジ化 …………………… 21, 187	パワー資源 ……………………… 138
チャネルキャプテン ……………… 147	販売会社 ………………………… 159
中国国務院 ………………………… 91	
中心地理論 ………………………… 152	PB 商品の開発 ………………… 17
中範囲の理論 …………………… 7, 192	比較購買 …………………… 45, 48
注文支払い ………………………… 37	VIP マーケティング …………… 123
清涼里 ……………………………… 163	非流通株 ………………………… 84
チラシ広告 …………… 35, 38, 133	

不完全競争 …………………………… 110
複合小売業 ……………………………… 54
複占構造 …………………………… 161, 192
プッシュ要因 ………………………… 184
物流センター ………………………… 105
普遍的実在 ……………………………… 4
プライベートブランド ……………… 147
ブランド ……………………………… 147
　　――イメージ …………………… 139
　　――・エクイティ …………… 87, 128
　　――・ロイヤリティ …………… 128
　　――信仰 ……………………… 150
プル要因 ……………………………… 184
フロー分析 ……………………………… 7
プロモーション ……………………… 35
文化的距離 …………………………… 180
分公司（販売会社，販社）
　………………… 86, 95, 99, 101, 102, 159

併売店 ………………………………… 96

ポイントカード ……………………… 34
ポイント会員制度 …………………… 36
ポイントシステム …………………… 30
法人税率 ……………………………… 188
法的規制 ……………………………… 186
報復的措置 …………………………… 112
POSシステム ………………………… 164

〔ま行〕

マーケットスペース ………… 53, 76, 144
マクロ・マーケティング ………… 8, 11

マクロモデル ………………………… 176
まちづくり …………………………… 153
　　――三法 …………………… 187
街の電器屋さん ……………………… 122
マルティ・ナショナル戦略 ………… 174
マルティフォーマット（多業態）戦略 …… 22, 49

ミクロ・マーケティング …………… 12
ミクロモデル ………………………… 176

モータリゼーション ………………… 153

〔や行〕

優越的地位の乱用 …………………… 150
有機EL ………………………………… 16

抑制要因 ……………………………… 177
4Kテレビ ………………………… 16, 156
龍山電子商街 ………………………… 113

〔ら行〕

ラファラン法 ………………………… 185

立地に基づく優位性 ………………… 173
リベート ………………………… 79, 130
流通 …………………………………… 11
　　――業者商標 ………………… 144
　　――産業発展法 ……………… 186
理論的モデル ………………………… 175

〔わ行〕

割引店 ………………………………… 161
ワンステップ流通 …………………… 95

〈企業・ブランド名索引〉

〔あ行〕

AQUA（アクア） …………………… 84
アトム電器 …………………………… 145
アマゾン ………………………… 10, 31, 145
板倉ニュータウン …………………… 24

ウォルマート ………………… 1, 183, 185
エス・バイ・エル …………………… 24
エディオン ……………………… 19, 29, 148
エマーソン …………………………… 165
LG電子 …………………………… 71, 134
LGナラ ……………………………… 116

蘇寧易購 ·· 73

〔た行〕

ターゲット ··· 47
ダーティフランス ··· 168
タオバオ（淘宝） ··· 64
青島華彦電器 ·· 88
青島ジャスコ ·· 97
青島電動機廠（工場） ································· 82
TCL ·· 80
ディクソンズ（DSG インターナショナル） ·· 167
デオデオ ··· 19
デジタルパーク ····································· 132, 163
デジタルプラザ ·· 124
テックランド ··· 22, 42
でんかのヤマグチ ································· 88, 145
でんきのセキド ··· 21
東芝 ··· 98
当当網 ··· 73
トムソン ·· 169

〔な行〕

日日順 ··· 90
ノジマ ··· 93

〔は行〕

ハイアール（海爾集団） ························ 46, 80
ハイアール・ネット・ショッピングセンター ······ 90
ハイセンス ·· 80
ハイプラザ ··· 119
ハウステックホールディングス ············· 25
パナソニック ····································· 84, 98, 146
パブ（Pavv） ·· 118
ビックカメラ ······· 21, 29, 31, 32, 143, 157
ファイブ・スター ································· 33, 65
フォックスコン ··· 167
ブブ ··· 17
ベスト・バイ
　················· 1, 33, 37, 46, 65, 71, 127, 164, 171
ベスト電器 ·························· 25, 28, 31, 178, 191

〔か行〕

滙銀家電 ·· 158
カウフホフ ··· 166
格力電器 ·· 79
カリーズ ·· 167
科龍電器 ·· 91, 92
カルフール ··· 47, 185
京東網上商城 ································· 10, 73, 158
キングフィッシャー ·································· 168
琴島海爾集団 ·· 83
クローガー ·· 47
KESE エレクトリカルズ ·························· 168
ケーズデンキホールディングス ············· 21
ケーズホールディングス ························· 165
江蘇五星電器 ·· 95, 165
国美電器 ··· 55, 66, 158
国美網上商城 ·· 73
コジマ ··· 21, 31, 32
コスモベリーズ ····································· 23, 145

〔さ行〕

サーキット・シティ ···························· 1, 163
さくらや ·· 30
サターン ·· 167
サムスン・ショッピングモール ··········· 116
サムスン電子 ·· 76, 134
サムスン電子サービス ··················· 118, 125
360buy 京東モール ····································· 64
三洋電機 ·· 83, 84
三洋ハイアール ·· 83
ジペル（Zipel） ··· 118
シャープ ·· 71
上海永楽 ·· 79
小小神童 ·· 46
深圳康佳電子有限公司 ······························ 102
スマートタウン ·· 24
スマートハウス ···································· 23, 24
セブンプラザ ··· 146
ソウル電子流通 ·· 130
ソニー ··· 93
蘇寧雲商 ····················· 1, 54, 55, 67, 158

〔ま行〕

松下電器 …………………………… 100, 104
三菱重工業 …………………………………… 83
無錫小天鵝 …………………………………… 47
メディア・マルクト
　………………………… 1, 45, 166, 167, 169, 171
メトロ・グループ ………………………… 166

〔や行〕

ヤオハン ……………………………………… 26
亜瑪達 ………………………………………… 34
ヤマダ電機 ……………… 2, 43, 148, 153, 157, 191
山田電機（中国）投資有限公司 …………… 36
ユジン（有進）グループ ………………… 126

ユニクロ …………………………………… 188
ヨドバシカメラ ………………… 21, 153, 157
龍山電子ランド …………………………… 130

〔ら行〕

ラオックス ……………………… 39, 40, 67
ラオックスライフ（楽購仕生活広場）・銀河１号店
　………………………………………………… 39
楽天 ………………………………………… 145
ラゾーナ川崎プラザ ……………………… 143
LABI ……………………………………… 22, 23
利群百貨店 ………………………………… 87
リビングプラザ …………………………… 117
ロッテショッピング ……………… 126, 129
ロッテマート ……………………… 122, 132

〈人名索引〉

〔あ行〕

アレキサンダー（N. Alexander）……… 180
稲田貞夫 ……………………………… 34, 38
エバンズ（J. Evans）……………………… 178
エロウル（S. Eroglu）…………………… 172
大橋弘 ……………………………………… 136
オグレーディ（S. O'Grady）…………… 179

〔か行〕

ガルブレイス（J. K. Galbraith）
　………………………………… 15, 137, 156
黄光裕 ………………………………………… 70
ゴーシュ（A. Ghosh）…………………… 150
コースジェンス（M. Corstjens）…… 47, 190
ゴールドマン ………………………………… 6
コックス（R. Cox）………………… 4, 12, 155
コトラー（P. Kotler）………………… 8, 147
小西滋人 …………………………… 142, 143

〔さ行〕

サーモン（W. J. Salmon）………… 172, 174
佐々木則夫 ………………………………… 135
塩路洋 ………………………………………… 3

周厚健 ………………………………………… 92
ジョンストン（M. J. Johnston）……… 179
スィーバース（L. Q. Siebers）……… 43, 182
鈴木安昭 …………………………………… 171
スターンクエスト（B. Sternquist）… 172
セインツベリー …………………………… 181
関戸正実 …………………………………… 21

〔た行〕

田中角栄 …………………………………… 103
ダニング（J. H. Dunning）……………… 172
チェンバリン（E. H. Chamberlin）… 110, 138
張近東 …………………………………… 68, 69
張瑞敏 ……………………………………… 82
張大中 …………………………………… 71, 72
陳暁 ………………………………………… 71
寺崎悦男 …………………………………… 32
トージマン（A. Tordjman）………… 172, 174
ドーソン（J. A. Dawson）……………… 174
ドラッカー（P. Drucker）………………… 12
トレッドゴールド（A. Treadgold）… 178

〔は行〕

梅鋒峰 ……………………………………… 93

索　引

ハウアー（R. M. Hower）……………… 142
ビダ（I. Vida）…………………………… 176
フェアハースト（A. Fairhurst）………… 176
ポーター（M. Porter）……………………… 12
ホテリング（H. Hotelling）……………… 151
ホランダー（S. C. Hollander）…………… 142

〔ま行〕

マイヤーズ（H. Myers）………………… 180
マッカーシー（E. J. McCarthy）………… 8
マックネア（M. P. McNair）………… 8, 144
松下幸之助 ……………………………… 103
マッラファティ（S. L. MaLafferty）…… 150
マボンド（F. T.Mavondo）……………… 178

〔や行〕

柳井正 …………………………………… 188
山下裕子 ………………………………… 12
山田昇 ………………… 23, 31, 34, 35, 44, 178

〔ら行〕

羅怡文 ……………………………………… 40
李東生 ………………………………… 97, 99
劉強東 ……………………………………… 63
レーン（H. Lane）……………………… 179
レビィ（M. Levy）……………………… 190
ロビンソン（J. Robinson）……………… 110

〈欧文索引〉

agglomeration theory ………………… 151

B to C …………………………………… 63

C to C …………………………………… 63
CB ……………………………………… 189
central place theory …………………… 152
CES ……………………………………… 109
channel captain ………………………… 147
channel leader ………………………… 147
collaborator ……………………………… 10
countervailing power ………………… 144

EXW …………………………………… 113
Ex-Works price ………………………… 113

hierarchy ……………………………… 152

intensive distribution ………………… 146
inter-type competition ………………… 142
ITC ……………………………………… 142

law of retail gravitation ……………… 152
LED ……………………………………… 93

M&A …………………………………… 156

national brand ………………………… 147
NB ……………………………………… 147
NEBA ……………………………… 18, 27
Nippon Electric Big-Stores Association … 18
normative model ……………………… 176

organizational capability ……………… 108
Ownership, Locational and
　Internationalization Concepts ……… 173

PB ………………………………… 144, 150
positive model ………………………… 175
principle of minimum differentiation … 151
private brand ………………………… 144
producer surplus ……………… 76, 137, 139
Psychic Distance ……………………… 178

Retailer Internationalization Process … 176
rule of reason ………………………… 137

scale merit ……………………………… 75
selective distribution ……………… 107, 146
SPA ………………………………………… 5

stage theory	172	universal	4
trading area	152	Vertical Marketing System	110, 147
trading-down	144		
trading-up	17, 144	VMS	9, 110, 147

■著者紹介

関根　孝（せきね・たかし）

1946年生まれ。横浜国立大学経済学部卒業，同大学院経営学研究科修士課程修了，東京都立商科短期大学教授を経て，現在　専修大学商学部教授。
専攻　商学，マーケティング論
著書　現代マーケティング入門（共著，ダイヤモンド社，1990年）。
　　　小売競争の視点（単著，同文舘出版，2000年）。
　　　日韓小売業の新展開（共著，千倉書房，2003年）。
　　　日本の流通100年（共著，有斐閣，2004年）。
　　　発展する中国の流通100年（共著，白桃書房，2009年）。
　　　商学通論・八訂版（共著，同文舘出版，2014年）。

平成26年4月10日　初版発行　　　《検印省略》
　　　　　　　　　　　　　　　　略称：家電流通

日本・中国・韓国における
家電品流通の比較分析

著　者　　関　根　　孝
発行者　　中　島　治　久

発行所　同文舘出版株式会社
東京都千代田区神田神保町1-41　〒101-0051
電話　営業 (03)3294-1801　編集 (03)3294-1803
振替 00100-8-42935　http://www.dobunkan.co.jp

©T. SEKINE　　　　　　　　　　印刷・製本：萩原印刷
Printed in Japan 2014

ISBN 978-4-495-64641-7

[JCOPY] 〈(社) 出版者著作権管理機構　委託出版物〉
本書の無断複写は著作権法上での例外を除き禁じられています。複写される場合は，そのつど事前に，(社) 出版者著作権管理機構（電話 03-3513-6969，FAX 03-3513-6979, e-mail: info@jcopy.or.jp）の許諾を得てください。